노후에 혼자 사는 지혜

OI MO KODOKU MO NANNOSONO 'HITORI ROUGO' NO CHIEBUKURO
© TAKASHI HOSAKA 2023
Originally published in Japan in 2023 by ASUKA PUBLISHING INC., TOKYO.
Korean Characters translation rights arranged with ASUKA PUBLISHING INC., TOKYO,
through TOHAN CORPORATION, TOKYO and EntersKorea Co., Ltd., SEOUL.

노후에 혼자 사는 지혜

혼자 있는 시간을 즐기면 고독감은 사라진다

호사카 타카시 지음 **허영주** 옮김 | **김철중** 감수

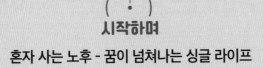

시작하며

혼자 사는 노후 - 꿈이 넘쳐나는 싱글 라이프

혼자 사는 시니어(고령자)들이 증가하고 있습니다.

내각부(內閣府)의 2022년 〈고령사회백서〉에 따르면 65세 이상 중 1인 가구 구성 인구가 1980년에 남성 약 19만 명, 여성 약 69만 명이던 것이 2020년에 남성 약 230만 명, 여성 약 440만 명으로 늘었습니다.

2040년에는 남성 약 360만 명, 여성 약 540만 명으로 더욱 늘어날 전망이라니 그때는 65세 이상 고령자 4명 중 1명은 혼자 산다고 보면 되겠습니다.

인생 100세 시대, 그동안은 '노후(老後)에 어떻게 살아야 하나?'가 큰 담론이었다면, 이제는 '노후에 혼자되면 어떻게 살아야 하나?'가 더욱 관심을 모으는 주제가 되고 있습니다.

아내 또는 남편과의 사별, 황혼 이혼, 자녀들의 독립 등 노후에 혼자 살게 되는 상황과 이유는 매우 다양합니다. 그러니 혼자가 되는 '그날'을 대비해 마음의 준비를 단단히 해두지 않으면 안 되겠습니다. 하지만 안타깝게도 남편이 먼저 떠난 뒤 마음속 텅 빈자리를 메우지 못해 그만 우울증이 온 사람들이 있는가 하면 아내와 자녀들이 떠난 뒤 홀로 고독감에 시달리다 삶에 대한 모든 의욕을 상실해 버린 사람들도 있습니다.

그렇게 되지 않기 위해 준비해야 할 것들이 적지 않습니다. 그래서 이 책은 혼자 살기 시작한 사람, 이제부터 혼자 살게 될 예정인 사람, 혼자 살기를 해보고 싶다고 계획하는 사람들을 위해 정신과 의사의 시각으로 마음의 준비를 하는 방법, 이웃 사람들과 소통하는 요령, 일상생활의 마음가짐, 쇠퇴해 가는 뇌(腦)를 활성화시키는 방법 등을 정리해 보았습니다.

　여러분이 지금까지 살아오는 동안 뜻대로 되지 않는 일도 많았고 '그때 이렇게 했어야 했는데'라며 후회하는 일들도 적지 않았겠죠. 하지만 지금부터의 인생에서는 그런 생각들을 깨끗이 없애 버릴 수 있습니다. 어떻게요? 제로(zero)에서 다시 새로운 시작을 하는 겁니다. '혼자 사는 노후'가 시작되면 하나부터 열까지 내가 모든 것을 결정할 수 있습니다. 젊을 때 꿈꿨던 것에 도전해도 되고, 예전에 실패했거나 좌절했던 것이 있었다면 다시 재도전해 볼 수도 있습니다.

　그런데 혹시 '혼자 사는 노후'라면 그 누구와 어떤 관계도 갖지 않는 쓸쓸한 이미지로만 생각하고 있지는 않습니까?

　단언컨대 그것은 완전히 잘못된 이미지입니다. 생각해 보세요.

　이제부터는 현역일 때의 책임과 속박에서 완전히 해방되어 무한한 자유를 즐길 수 있습니다. 의료기술이 발달한

덕분에 수명도 연장됐고 고령자라 불리는 사람들도 예전과 비교하면 훨씬 건강하고 또 젊어졌습니다. 게다가 혼자 살면 시간도 많습니다. 남아도는 그 많은 시간을 누구를 위해 쓸 필요 없이 온전히 자신만을 위해 쓸 수 있습니다.

세상에 이렇게 행복할 수가 있을까요? 당장 내일 아침 하고 싶은 것을 할 생각만 해도 가슴이 두근거리지 않습니까?

아무쪼록 이 책을 통해 활기찬 노후의 '싱글 라이프'를 이루시기 바라겠습니다.

호사카 타카시

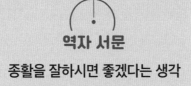

역자 서문
종활을 잘하시면 좋겠다는 생각

일본이라 하면 가장 먼저 떠오르는 것이 항상 깨끗한 거리, 아무리 큰 자연재난을 당해도 결코 굴복하지 않겠다는 놀라운 질서의식, 모두 '남에게 폐를 끼치지 않겠다'는 생각이 철저하게 몸에 배여 있기 때문일 것입니다.

물론 업무상 전화할 때야 제일 먼저 '항상 신세 지고 있습니다(いつもお世話になっています)'라고 하지만 웬만해서는 남에게 신세 지지 않으려 하고 먼저 손을 벌려 도움을 받지 않으려 합니다.

이런 마음가짐이 정년퇴직 후에 혼자 살게 되면 마음

편하게 부탁할 사람이 없게 되거나, 있어도 귀찮게 하고 싶지 않다는 생각이 앞서게 됩니다.

하지만 고령기에 접어들면 뜻하지 않은 사고를 겪고 병을 앓을 위험이 높아집니다. 혼자 사는데 갑자기 의료기관에 입원해야 하거나 수술을 받아야 한다면 신원보증 등을 누가 해줄 것이며, 남에게 민폐 끼치지 않겠다고 집에 틀어박혀만 있다가 치매라도 오면 그 치료는 어떻게 받고, 가진 재산은 어떻게 되는 걸까요?

저자는 2040년 일본에서 900만 명으로 예상되는 독거 노인들이 "남에게 폐를 끼치지 않겠다"는 마음에서 벗어나 지역사회의 인간관계가 연착륙할 수 있는 방안과 경제적 고민해서 방안, 건강개선 방안, 아울러 홀로 사는 노후에 겪기 쉬운 불면-불안의 해소 방안들을 정신과 전문의로서 다양한 각도에서 소개하고 있습니다.

홀로 사는 노후에 일어날 일들은 보통 가족들이 그 돌봄 역할을 맡게 되지만, 최근 일본에는 자녀와 친척이 없는 고령 세대가 급속히 늘고 있어서 "사후(死後)사무위탁

계약" "신원보증서비스" "유증기부" 등 우리에게는 다소 생소한 서비스들이 활발해지고 있다고 합니다.

또한 "종활(終活 : 죽음에 대비한 준비 활동)", 즉 내 뜻대로 홀로 살다가 갑자기 의식을 잃거나 목숨을 잃을 때, 그동안 나를 도와준 사람들에게 마지막까지 민폐를 끼치지 않도록 나의 사후 처리 내용 등을 정리해 두는 "엔딩노트" 작성이 많은 주목을 받으며 정착되어 가고 있다고 합니다.

건강한 노후를 혼자 즐겁고 행복하게 보내는 것은 좋지만, 우리의 인생이 아무렇게나 마무리되지 않도록 한국에서 홀로 살고 있기나 홀로 살 예정인 시니어들도 이 책을 읽고 준비를 잘하시면 좋겠다는 생각을 하며 번역을 마칩니다.

허영주

감수의 글
인생 후반 잘사는 지혜를 알려준 책

5년 전 일본 도쿄서 특파원 생활을 한 적이 있다. 초고령사회를 경험하고 취재하기 위한 자리였다. 도쿄에 가기 전에는 초고령사회라는 게 그저 나이 많은 사람들이 많은 세상이겠구나 정도로 생각했다. 그러나 도쿄서 살아보니, 내 예상과 생각은 완전히 빗나갔다. 이건 살아가는 방식이 다른 딴 세상이었다.

초고령사회 도쿄에는 개성 많은 시니어들이 너무나 많다. 도쿄서 만난 69세 고다 고이치 씨는 '건강 전도사'다.

의사는 아니지만, 자기만의 건강법을 개발해 일반 대중에게 전파한다. 그러길 7년째다. 강연회도 열고, 다이어트 책도 내고, 유튜브에 동영상도 올린다. 건강관리와 담쌓고 지내던 자신이 건강관리가 직업이 될 줄은 몰랐다고 말한다. 사회적 은퇴를 하고 새 직업을 얻은 것이다.

그는 원래는 잘 나가는 보험 회사 중역이었다. 올해의 최우수 직원상을 몇 차례 받은, 일만 생각하면서 살아온 중년 남자의 삶이었다. 반듯한 양복과 얌전한 넥타이가 교복 같은 생활이었다. 그러다 육십이 넘으면서 문제가 생기기 시작했다. 운동 부족과 잦은 회식에 점점 체중이 늘면서 당뇨병이 생겼다. 일을 할 수 없는 상황이 됐고, 회사를 그만두었다. 집에만 있게 되자, 우울증이 밀려왔다.

소파에 누워 하루가 한 달보다 긴 생활을 하던 어느 날, 이러다 죽겠다 싶어 몸을 움직였다. 누운 채 스트레칭을 하고 살며시 일어나 앉았다 섰다를 했다. 신체가 정신을 바꾼다고 했던가. 몸을 부리자 흥이 생겼다. 자기만의 운동 방식을 찾기 시작했고, 먹는 것도 바꿨다. 살이 빠지고 근육이 붙었다. 언뜻 보면 몸 잘 만든 50대로 보인다. 그렇게 해서 체험형 건강 설법자가 시작됐다.

그는 이런 자기만의 '즐거운 꿈'(樂夢) 다이어트와 7분 스트레칭 설파로 일상을 메우고, 벌이를 채운다. 하면 할수록 더 즐거워지고 건강해진단다. 이제 청바지와 가죽점퍼가 일상복이 됐고, 금색으로 살짝 물들인 흰머리가 '교복'이 됐다.

65세 이상 인구가 30%에 이른 일본에서 지내면서 다채로운 생활과 새로운 삶을 사는 고령자가 참으로 많음을 느꼈다. 60대에 시인으로 등단하고, 70대에 화가로 작품전을 열고, 헌책방을 드나들다가 역사 전문가로 책을 쓴다. 고령자들이 나서서 다 같이 즐겁게 늙어가는 동네 만들기에 한창이다.

일본과 한국의 직장인 복장은 비슷하나, 은퇴자 옷차림은 사뭇 다르다. 일본이 더 과감하고, 도발적이다. 사회적 눈치를 안 봐도 되니 개성이 더 두드러진 결과라고 본다. 경제 불황이라고 삶의 불황은 아니다. 평균수명 90세로 치닫는 초고령사회. 자기 개성 살려보려는 선물이고, 해보고 싶은 거 한번 해보는 기회라는 생각이 든다. 근육과 치아가 남아 있다면, 무얼 못 하겠는가.

이 책은 인생 후반 혼자 잘사는 법을 알려준다. 우리나라는 10년 후인 2035년에 일본처럼 고령화 비율이 30%가 된다. 우리나라는 65세 이상 인구가 20%를 막 넘기는데, 일본서 그랬던 때가 지난 2005년이다. 즉 지금의 한국은 일본의 20년 전이고, 지금의 일본은 한국의 10년 후다. 일본이 겪은 사회적 경험과 지혜는 곧 우리가 당장 써먹어야 할 것들이다.

두 나라는 사는 문화, 먹는 방식, 가족 구성, 노동 구조가 유사하다. 우리는 일본의 초고령사회 성공과 실패를 보고, 잘한 것은 따라 하고, 못한 것은 피하면 된다. 이를 사회학적으로 미래를 경험하게 해주는 모델이라고 한다.

그런 뜻에서 이 책에는 미리 경험해볼 인생 종반 삶의 지혜가 담겨 있다. "혼자 있는 시간을 즐기면 고독감은 사라진다", "일과 관련됐던 만남은 이제 안녕", "이해관계가 없는 만남의 즐거움", "한턱내서도 얻어먹어서도 안 된다",

"진정한 절약은 빈티나는 것이 아니다", "긴장을 풀어야 잘
잔다" 등등 혼자 살건 누군가와 같이 살건 새겨 놓을 미래
지혜가 무수히 적혀있다.

이 책은 초고령사회를 지혜롭게 살도록 인도하는 네비
게이션과 같다. 주저 말고, 일독하시라.

김철중 조선일보 의학전문기자. 전문의

목차

제1장 '혼자 사는 노후'를 시작할 때 알아두어야 할 것들 • *19*

제2장 시니어의 교제에는 독특한 요령이 있다 • *57*

제3장 지금 가진 돈으로 잘 지내자 · 119

제4장 습관을 바꾸면 뇌와 심신이 건강해진다 · 151

《생활 습관편》

제**1**장

'혼자 사는 노후'를 시작할 때
알아두어야 할 것들

제1장

'혼자 사는 노후'를 시작할 때 알아두어야 할 것들

인생 80세 시대에서 100세 시대로 바뀌어 가는 요즘의 시니어들에게는
상상 이상으로 긴 시간이 남아 있다

'자 이제부터 뭘해 볼까?'
사치스러운 고민을 해보자

만약 지금이 혼자 살기 시작한 지 1주일 정도 지난 시점이라면 아마도 매일매일 흘러가는 시간의 감각에 어느 정도 익숙해졌을 것 같은데요. 물론 현역 때처럼 바쁜 일도 없고 가족들과 함께 있을 때 느꼈던 뭔가에 쫓기는 듯한 기분도 더 이상 없고…….

아무튼 시간이 여유롭게 흘러가고 있음을 느낄 수 있습니다. 게다가 주체할 수 없을 정도로 시간이 많습니다. 물론 '혼자 살게 되면 꼭 해보고 싶었던 것'이 있다면 그것부터 먼저 하면 되겠죠.

그러나 노후에 혼자 살기 시작한 사람들이 모두 그동안 하고 싶었던 것을 마음속에 고이 간직해오지는 않았을 테고, 오히려 딱히 하고 싶은 것을 찾지 못하고 있는 경우가 더 많지 않을까 싶습니다.

어쨌든 직장과 가정 그리고 자녀들을 위해 몹시도 분주하게 살다 보니 나만의 목표나 꿈을 찾는 것이 의외로 쉽지 않을 수 있습니다. 그리고 갑자기 생겨난 많은 시간에 당황한 나머지 '뭐라도 해야 하나?'라는 생각에 쫓기면 초조해지고 우울해질 수도 있습니다.

그러나 초조해할 필요 없습니다.

자, 눈을 감고 생각해 봅시다. 여러분은 지금 후지산 기슭의 광활한 들판처럼 드넓은 곳에 홀로 서 있습니다. 위쪽으로 올라가 볼까? 아래로 내려갈까? 오른쪽으로 달려볼까? 왼쪽으로 걸어볼까? 이 모든 것은 여러분 자신에게 달려 있습니다. 그러니 우선 크게 숨을 들이마시고 심호흡을 크게 하며 주변을 잘 살펴봅시다.

그리고 '이 시간을 한번 마음껏 써 보자'고 생각해 봅니다.

젊을 때 읽다 말았던 장편소설을 차분하게 읽어봐도 되고, 보고 싶었던 영화를 하루 종일 봐도 상관없습니다. 기분 전환 삼아 느긋하게 산책길에 나서는 것부터 시작해도 좋습니다.

실제로 해보면 알겠지만 혼자 사는 노후의 일상은 생각보다 훨씬 여유 있고 또 충실하게 보낼 수 있습니다. 현역 때처럼 어떤 목적을 가지고 뭔가를 해야만 충실감을 얻을 수 있는 것은 더 이상 아니라는 말입니다.

게다가 예전처럼 악착같이 아등바등할 필요도 없습니다. 그냥 '오늘은 또 뭘해 볼까?'라며 느긋하게 있으면 문득 '이거나 해 볼까?'라는 생각이 들고 '이게 끝나면 그것' '그다음은 저것' 하며 눈앞에 다양한 길들이 계속 펼쳐집니다. 그러니 지금 당장 내 눈앞에 아무것도 보이지 않는다고 해서 걱정할 필요는 전혀 없습니다.

아무튼 지금은 '이제부터 무엇을 해볼까?'라고 고민하는 정말로 호사스럽고 여유로운 시간이라는 것을 느껴 보시기 바랍니다.

앞으로 얼마나
더 살 수 있을까?

   고령의 나이에 혼자 살게 된 사정은 제각각이겠지만, 대부분의 시니어는 하고 싶은 것이 있다 해도 '시간이 어떻게 가능이나 할까?…' '젊은 나이도 아닌데…'라며 포기부터 하려 합니다.

   그러나 지금부터의 인생에 시간적 제약이라는 것은 없습니다.

   인생 80세 시대에서 100세 시대로 바뀌어 가는 요즘의 시니어들에게는 상상 이상으로 긴 시간이 남아 있습니다.

대충 계산 해봐도 지금부터 남아 있는 시간은 대략 10만 시간이나 됩니다.

10만 시간이라 함은 20세부터 60세까지 일할 경우의 총 노동시간과 거의 맞먹는 시간입니다. (현역일 때는 1년 250일. 하루 10시간 일한다고 계산 / 정년 후에는 60세에서 80세까지 20년간 하루 수면시간을 제외한 14시간을 자유롭게 쓸 수 있는 시간으로 계산) **단순 계산을 해봐도 다시 한번 새로운 인생을 살 수 있을 정도로 충분한 시간이 남아 있음을 알 수 있습니다.**

물론, 지금부터의 모든 시간은 그 누구를 위한 것도 아닌 오롯이 나만의 시간입니다. 심지어 아무것도 하지 않고 게을리 살아도 됩니다.

하지만 그래서는 얼마 안 가 지루해지겠죠. 아무튼 지금껏 열심히 일해 왔던 시간과 맞먹을 정도의 많은 시간이 남아 있다는 것을 기억해 둡시다.

지난날 '사실은 ○○가 되고 싶었는데' '저런 인생도 괜찮을 것 같은데'라고 생각해 본 적이 있다면 지금부터 제대로 새 출발을 해봅시다.

가령 국가 공인 자격증 시험에 도전한다든지, 한적한 시골에서 전원생활을 시작한다든지, 고전 문학 전집을 독파한다든지 등등, 하고 싶은 것이라면 무엇이든 시작하기만 하면 됩니다.

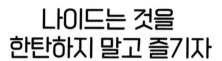

나이드는 것을
한탄하지 말고 즐기자

'혼자 사는 노후를 즐기자' 좀 식상한 표현이긴 해도 사람은 인생을 즐기며 살겠다는 생각이 있어야 젊게 살 수 있습니다.

하루하루를 즐긴다는 생각으로 살지 못하면 늙는 것을 슬퍼하고 허무함에 사로잡혀 아무것도 하지 못한 채 허송세월만 보냅니다.

사실 사람은 누구나 나이들고 허약해지며 건망증이 심해지고 머리가 백발이 되는 것을 싫어합니다. 말로는 '이제 다 늙었는데, 이 나이에 멋 부려서 무슨 소용이야'라며 겉으론 달관한 척하지만, 속으로는 '아, 어떻게 좀 안될까?' 라며 한숨 쉬며 한탄합니다.

그런데 존경하는 인생의 선배 중에는 수많은 어려움 속에서도 그때그때의 상황을 즐기며 인생을 유쾌하게 살아가는 분들이 꽤 많이 있습니다.

예를 들면 현재 80세인 작곡가 사에구사 시게아키(三枝成彰) 씨는 약 4년 전 《중장년혁명(中高年革命)》이라고 〈일간현대(日刊現代)〉에 자신이 연재하던 칼럼에서 이런 말을 했습니다.

'새해가 되면 나이든 사람들은 "또 한 살 먹었네"라며 감상적 기분에 빠지기 쉽다. 그러나 나이가 얼마가 되던 새로운 것을 시작할 힘 정도는 남아 있으니 우울해할 필요가 전혀 없다.'

또한 경영 컨설턴트로 활약 중인 호리 코이치(堀紘一, 77세) 씨는 '사람은 방어적이면서부터 늙기 시작한다. 호기심이 없어지거나 위험을 피하려고만 하면 늙어버릴 위험이 커진다'라고 말합니다.

두 사람 모두 젊은 사람 못지않게 도전적입니다.

결국 항상 젊게 사는 사람들에게 공통적으로 볼 수 있는 것은 호기심이 강하며, 어떤 것에 대해서도 관심을 가지고 늘 '안테나'를 세우고 있다는 점입니다.

가령 평소에 아무런 문제없던 동작이 어느 날 갑자기 할 수 없게 되더라도 '이건 지난주만 해도 할 수 있었는데 오늘은 안되네, 재미있는데'라는 식으로 부정적인 측면에 사로잡히지 않고 오히려 재미있는 일이라고 받아들이는 마음가짐이 젊음을 유지해 주는 가장 중요한 열쇠라고 하겠습니다.

항시 활기찬 생활이
노화를 막는 영양제

작고하신 에세이스트 아카세가와 겐페이(赤瀬川原平) 씨는 건망증이 심해 한숨을 쉬는 고령자들에게 흔히 볼 수 있는 현상들이 마침내 자신에게도 나타나자 '나도 이제 노인력(老人力)이란 것이 생겼다'며 긍정적으로 받아들였다고 합니다. 101세에 돌아가신 평론가 요시자와 히사코(吉

沢久子) 씨도 '늙는 것을 재미있고 즐겁게 느끼며 살고 있다'는 말을 남긴 바 있습니다.

'나이들었으니까' '할 수 없으니까'라며 마음을 소극적으로 가질 때 노화는 마치 기다렸다는 듯이 가속 페달을 밟습니다. 그러니 나이드는 것을 긍정적으로 받아들이고 또 그것을 습관화하면 평온한 마음으로 인생을 즐길 수 있지 않을까요?

다양한 취미를
가지자

혼자 사는 생활을 즐겁게 해주는 것 중 하나가 "취미생활"입니다. 좋아하는 취미에 많은 시간을 쓸 수 있다는 것은 하루 24시간을 오로지 자신만을 위해 쓸 수 있는 혼자 살기만의 특권입니다.

그런데 취미생활이 초보자 수준을 넘어 생계에까지 보탬이 될 정도로 부러움의 대상이 되는 사람들도 있습니다.

수년 전 부인을 병으로 잃고 혼자 살던 마츠모토 씨(76세)는 젊을 때 한번 해보긴 했지만, 시간이 없어 포기해야 했던 가죽세공을 50년 만에 다시 시작했습니다.

젊을 때와 달리 이제는 남는 게 시간인지라 여러 가지 아이디어를 떠올리며 지갑, 안경집 등 소품들을 만들기 시작했습니다.

이를 본 친구가 "재료비와 제작비를 낼테니, 내 것도 만들어 줘"라고 해서 흔쾌히 제작해 주자 완성품을 본 친구가 기뻐한 것은 물론 이를 계기로 주문이 2~3명 늘어나는가 싶더니 이제는 인터넷 통신판매까지 하고 있습니다.

그러나 시간이 아무리 많아도 지나치게 의욕적인 것은 또 생각해 볼 문제입니다. 특히 스포츠 등 체력을 필요로 하는 운동은 주의가 필요한데, 자신의 능력을 넘어 심한 운동을 하면 갑자기 피곤해지고, 오히려 건강을 해칠 수도 있습니다. 나이가 들면 체력은 확실히 떨어지기 마련이니까요.

내 몸에 적절한 수준의 운동을 해야 한다고 늘 명심하고 있어야 합니다.

또한, 취미를 굳이 하나만 고집하지 말고 홍미가 가는

것들을 뭐든지 해보기 바랍니다. 마츠모토 씨처럼 전문가도 무색할 정도의 수준에 이르는 것은 사실 이례적인 경우이고 어디까지나 자신이 그것을 즐기는 것이 가장 중요합니다. 따라서 그 대상은 많으면 많을수록 좋고 그러면 즐거움의 폭도 넓어지게 됩니다.

비록 어설프고 서툴러도 좋아하기만 하면 된다는 말입니다. 다양한 취미를 가질수록 혼자 사는 노후는 더욱 풍성해집니다.

또한 혼자 하는 취미와 여러 사람이 함께 하는 취미를 병행하는 것도 좋겠습니다.

전자는 마음만 먹으면 언제든지 할 수 있다는 장점이 있지만, 어딘가 고독감을 느낄 수도 있습니다.

반면 후자는 상대방의 사정에 따라 일정이 쉽게 잡히지 않을 수도 있기 때문에 두 방법을 잘 조절하여 즐길 필요가 있겠습니다.

70대, 80대도
새로운 일을 할 수 있다

최근 시니어들의 "활약상"을 보고 듣는 기회가 많아지고 있습니다. (그들 모두가 혼자 살고 있는 것은 아니겠지만) 특히 젊은이들의 전유물로만 여겨졌던 YouTube나 엑스(X·옛 트위터) 등에서 적극적으로 활동하며 팔로워 수도 꽤 많은 시니어가 적지 않습니다.

현역일 때 전기기사로 전기 수리 일에 종사했던 어떤 분은 단기간에 사람을 사귀는데, 어려움이 있어 직장생활도 오래할 수 없었고 게다가 질병으로 수술과 입원을 반복한 끝에 결국 우울증으로 자살 시도 경험까지 했다고 합니다.

이분은 가족들과의 관계도 원만치 못했는데 그러던 때 어느 날 딸이 재봉틀 수리를 부탁해 고쳐줬더니 이를 고마워한 딸이 재봉틀 사용법을 가르쳐 주었다고 합니다. 곧바로 재봉틀 기술을 익혀서 딸이 만들었던 성경 가방을 분해까지 하며 만드는 방법을 이해하는가 싶더니 순식간에 18개를 만들어 줬다고 합니다. 그의 나이 82세 때의 일입니다.

우연한 기회에 재봉틀을 다루게 된 이분은 건강까지 회복하였고, 고마운 마음에 어느 날 쓰지 않는 넥타이로 가방을 만들어 딸에게 선물했다고 합니다. 딸은 무심코 가방을 들고 직장에 출근했는데, 이를 본 직장 동료들로부터 주문이 쏟아졌다고 합니다.

뿐만 아니라 손자에게 만들어준 돈지갑도 손자가 SNS에 올렸더니 또 주문이 엄청나게 쇄도하는 등 82세 나이가 무색하게 수제가방 제작 전문가로 거듭나며 책까지 출판하게 되었습니다. (G3sewing 지음 《80대에 찾은 행복》 카도카와 출간)

고령의 나이가 되어 새로운 일을 시작하게 되고, 또 그

것에 대해 쓴 책이 화제가 되는 것은 비단 이분뿐만은 아닙니다.

싱글맘인 오사키 히로코(大崎博子) 씨는 10년 전인 78세 때 딸의 권유로 컴퓨터를 처음 배웠는데, 그때 딸이 엑스(X·옛 트위터)도 해보라고 했지만 무슨 말을 해야 할지 몰라 주저했다고 합니다.

그런데 어느 날 동일본 대지진이 발생하자 전화 등 모든 통신이 불통된 가운데 엑스(X)만 가능한 상황에서 원자력발전소에 대한 불안감 등을 엑스(X)에 올리기 시작했습니다. 이 사실이 인터넷 뉴스에 소개되고 팔로워 수가 급증하여 그 숫자는 지금도 13만 8천 명이나 됩니다. 히로코 씨는 매년 태평양전쟁 기념일이 다가오면 전쟁 체험담을 엑스(X)로 전하는 등 활발하게 활동하고 있습니다. (오사키 히로코 지음 《89세 홀로 살기》 타카라시마사 출간)

나이가 들어 새로 시작하는 일에 나이가 약점이 된다는 말은 당치도 않습니다. 오히려 나이가 강점이 되는 시대가 도래했습니다.

노후에 혼자 살면
안 좋은 점

혼자 사는데 좋은 점은 뭐니 뭐니 해도 무한한 자유입니다. 언제 뭘하든 어떻게 살든 누구한테 잔소리 들을 일이 없습니다. 모든 것은 나 스스로 결정하며 잔소리 심한 가족들에게 신경 쓸 일도 없습니다.

스트레스를 주는 대부분의 원인은 인간관계에서 비롯되는데 그런 의미에서도 혼자 산다는 것은 스트레스가 없는 정말 이상적인 삶의 형태라고 하겠습니다.

자신이 하고 싶은 것이든 사고 싶은 것이든 뭐든지 참을 필요가 없습니다. 게다가 내가 가진 돈은 오로지 나만을 위해 쓸 수 있으니 이보다 더 행복할 수 없습니다.

그러나 사람에게는 또 엉뚱한 면이 있습니다. 인간관계가 스트레스의 원인이라는 건 분명히 알지만, 사람들과 접촉이 없으면 왠지 사람이 그리워집니다.

혼자 있으면 식사 시간에 '배고파' 소리쳐 봤자 아무것도 나오지 않고, '이거 맛있는데'라고 해도 맞장구쳐 줄 사람이 아무도 없습니다.

날씨 좋은 날 '산책이라도 나가 볼까?'라고 물어볼 상대도 없습니다.

혼자 TV를 보다가 코미디 프로그램에서 우스운 얘기를 듣고는 '그것참, 재밌네. 하하하'라고 웃어 봤자 혼자 있는 방안에 자신의 웃음소리만 공허하게 울릴 뿐입니다. 이것이 현실입니다.

혼자 사는 이상 이런 상황들은 피할 방법이 없습니다. 일시적인 것도 아닌 일상적인 것이므로 익숙해지는 수밖에 없습니다.

어쨌든 혼자 살기 시작할 때, 각오라고까지 하기는 좀

그렇지만, 이런 상황들이 있다는 것 정도는 이해해둘 필요가 있습니다.

한편 사람은 정신적으로나 육체적으로 무방비 상태일 때 뭔가로부터 공격당하면 가장 큰 피해를 입는다고 합니다. 바꾸어 말하면, 조금이라도 그런 상황을 예측하고 사전에 준비를 하고 있다면 같은 충격을 받더라도 입는 피해를 줄일 수 있습니다.

즉, '혼자 살다 보면 이런저런 일들이 피할 방법도 없이 불현듯 일어날 수 있어'라고 머릿속에 넣어 두기만 해도 받는 피해는 크게 달라질 수 있다는 얘기입니다.

그리고 그런 상황이 오면 '역시 왔네, 왔어'라며 받아들일 수밖에 없으며, 점차 익숙해지게 됩니다.

이처럼 혼자 살기에는 장점만 있는 것이 아니라는 것을 알아둡시다.

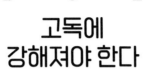

고독에
강해져야 한다

　'고독'이라는 말에는 어쩐지 두렵고 힘들고 쓸쓸한 이
미지가 늘 따라 다닙니다. 절망감, 비장감마저 느껴진다는
사람도 있습니다.

　하지만 너무 겁먹을 필요는 없습니다.

　'고독=공포, 고요하고 쓸쓸함'이라는 이미지는 고독이 뭔지
제대로 모르기 때문에 일어나는 감정일 뿐입니다.

　일본 속담에 '유령의 정체는 시들은 억새꽃'이라는 말
이 있습니다. 억새꽃이란 참억새의 이삭 부분을 말하는데

'한밤중에 유령인 줄 알고 부들부들 떨었더니 자세히 보니 시들은 억새꽃이었다'라는 의미입니다.

쓸쓸함을 이겨야
사람답게 살아간다

고독도 이와 마찬가지입니다. 고독한 생활이 어떤 것인지 알지 못한 채 이해하려고도 하지 않으니 이미지만으로 무섭고 괴로운 것이라고 확신해 버립니다.

그러나 실제로 고독한 생활을 시작해 보면, 가족과 함께 지내왔던 지금까지의 생활과 크게 다를 바 없다는 것을 알 수 있습니다. 굳이 다른 점을 찾는다면 생활에 자유가 많아진 다는 정도라고 할까요?

물리적인 공간도 늘어나서 혼자 살기 시작하는 초반에는 쓸쓸함을 느낄지 몰라도 이내 익숙해져 아무렇지도 않게 됩니다.

잘 아시는 바와 같이 손자(孫子)는 '지피지기면 백전백승(知彼知己 百戰百勝)'이라고 했습니다.

'적들의 실력과 상황을 잘 파악하고 스스로에 대해서도 잘 이해하고 있으면 몇 번을 싸워도 이길 수 있다'라는 의미입니다.

여기서 '적'을 '고독'으로 바꾸면 고독에 대한 금언(金言)이 되겠죠. 고독, 잘 파악해 두면 '두려워할 것 하나도 없습니다.'

혼자 있는 시간을 즐기면
고독감은 사라진다

하지만 '고독, 어디 한번 해보자!'라며 너무 진지하게 상대할 필요는 없습니다.

가벼운 마음으로 혼자 있는 시간을 즐기고 있다 보면 어느새 자신을 둘러싸고 있던 고독감은 형체도 없이 사라져 버리는 경우가 대부분입니다.

가령 친구들과 영화 보러 같이 가고 싶지만, 나이가 들수록 '그날은 병원에 가야 하는데…' '요즘 다리가 아파 밖에 못 나가고 있어'라며 거절당하는 일들이 많아집니다.

그럴 때가 기회입니다. 혼자 즐기는 습관을 기를 수 있도록 '혼자 극장 가기'에 도전해 봅시다.

작가인 소노 아야코(曽野綾子) 씨는 친구들과 함께 있는 시간 못지않게 혼자 즐기는 시간도 소중히 생각한다고 합니다. '혼자 가부키 공연을 보러 가면 가끔 옆자리 젊은 이들과 즐겁게 대화할 때가 있는데, 그러면 정말 만족스러운 시간을 보낼 수 있다'고 어느 인터뷰에서 말한 적이 있습니다.

반면에 조금만 귀찮은 일이 있어도 남이 해주기를 바라는 것이 습관이 되어 있는 사람은 몸과 뇌의 노화가 점점 빨라집니다.

치매 예방과 사는 즐거움을 많이 갖기 위해서는 주도적으로 혼자 잘 지내는 시간을 만들도록 노력합시다.

너무 힘들면 복지지원제도의 도움을 받자

태평양전쟁 직후의 일입니다. 도쿄지방법원의 판사였던 야마구치라는 분이 돌아가셨는데 안타깝게도 사인(死因)이 아사(餓死)였습니다.

당시 일본은 심각한 식량난을 겪고 있어서 정부의 배급만으로는 먹고 살 수 없어 대부분의 사람이 암시장에서 불법 거래로 식재료를 구해 필사적으로 목숨을 이어가고 있던 시기였습니다.

그러나 식량관리법 위반사건 담당 판사였던 야마구치 씨는 '부정행위를 막아야 할 내가 암시장을 이용할 수는 없다'는 신념을 지키다 결국 굶어 죽게 됐다고 합니다.

야마구치 판사가 자신의 신념을 관철한 것은 훌륭합니다만 목숨을 잃게 된 것은 너무나 슬프고 안타까운 결말입니다.

이렇게까지 극단적이진 않더라도 홀로 사는 시니어 중에는 '아무 도움을 받지 않고 혼자 살아가야 한다'라는 주관이 강한 사람들이 꽤 많이 있습니다. 하지만 그렇게 고집 피우면 어떻게 될까요?

가끔은 기대는 것이
혼자 살아가는 지혜다

저는 수많은 시니어 환자들을 진료하면서 시니어들의 생활과 질병 발생 간에 유사점이 있다는 것을 알게 되었습니다. 즉, 이상이 발생하면 가능한 빨리 알아채서 대응하는 것이 회복의 열쇠이고 진행돼 버리면 손쓸 방법이 없다는 점입니다.

가령 '요즘 계단 오르내리기가 쉽지 않다'고 느끼고 있지만, 수리비용이 없어 방치하고 있을 때 넘어지기라도 해서 큰 부상을 입으면 그대로 병상에 드러누워 일어나지 못할 가능성이 있습니다.

'그것 너무 호들갑 떠는 거 아니냐'고도 할 수 있지만, 동경소방청이 2019년에 발표한 '구급 이송 데이터'에 따르면 약 6만 명의 65세 이상 고령자들이 넘어져 구급 이송되고 있다 합니다.

그러니 '누구에게도 의지하지 않겠다'며 고집 피우고 있을 일이 아니라 이런 경우 '고령자주택개수비용조성제도(高齢者住宅改修費用助成制度)'를 이용하는 것이 좋겠습니다.

'고령자주택개수비용조성제도'는 '요개호대상자'*와 '요지원대상자'*가 주택 내 장애물 제거 등 주택 개수 공사를 원할 때 공사 비용의 90%를 개호보험*이 지급하는 제도입니다.

상한은 20만 엔이며, 한 번에 상한에 이르지 않으면 추가 공사에서 나머지를 쓸 수 있습니다.

대상은 난간 설치 공사, 바닥 높이 맞추기 공사, 변기 교체 공사 등입니다.

* 요개호(要介護) : 일상생활이 혼자서 하기 어려우며 누군가의 도움이 즉 간병이 필요한 상태.

* 요지원(要支援) : 일상생활이 혼자서 가능하지만 다소 지원이 필요한 상태.

* 개호보험(介護保險) : 경제 노인 요양 서비스만을 전담하는 사회보험에 일반 기업이나 시민 단체가 노인 요양 서비스 제공의 주체로 참여하는 일본의 보험 제도. 우리나라의 노인 요양보험과 비슷한 개념으로 40세부터 누구나 보험에 가입할 수 있으며, 65세 이상이 되면 필요한 보호 서비스를 이용할 수 있다.

생활 지원 서비스도
당당히 이용하자

원래 이러한 '조성제도'나 행정 서비스를 하는 데는 다 이유가 있습니다.

가령 계단에서 넘어져 병상에 드러누워 일어나지 못하게 되면 국가와 자치단체는 막대한 개호 비용을 부담해야 합니다. 그러니 그런 부담을 가능한 줄이기 위해, 다양한 '조성제도'와 행정 서비스를 제공하고 있는 것이죠.

정부와 지자체는 주민들이 이러한 서비스를 가능한 많이 이용해 주기를 기대하고 있습니다. 그렇다면 "시혜 따위 안 받아도 돼"라는 생각도 조금 덜해지지 않을까 싶습니다.

앞서 언급한 '고령자주택개수비용조성제도' 외에도 각 지자체(市町村: 우리의 시군구에 해당)에서는 민간기업, 비영리단체, 자원봉사단체 등의 지원을 받아 고령자를 대상으로 다양한 생활 지원 서비스를 실시하고 있습니다. (가사 지원, 외출 지원, 식재료 배달, 안부 확인 서비스 등)

가령 요코하마시에서는 식사 서비스, 종이기저귀 배급, 외출 지원 서비스, 방문 이미용 서비스 등을 실시하고 있습니다.

그리고 나가사키현의 사자정에서는 개호 예방 자원봉사단체가 개호 예방 및 일상생활 지원을 시행 중입니다. 또한 치바현의 가시와시는 퇴직 고령자들을 지역사회에 연결시키고 지역에서 고립되지 않도록 농업, 육아, 복지 등의 분야에서 '고령자 취로사업'을 실시하고 있습니다.

수많은 사례 중 극히 일부만 소개했습니다만 어쨌든 행정 서비스는 '유사시(有事時)'가 아니라 '일상적'으로 당당히 도움을 받을 수 있는 것입니다. 거주지 행정기관에 문의해 보시기 바랍니다.

노후에 혼자 살아도
사는 보람이란 게 있다

노후에 혼자 살면 아무리 본인이 원해서 시작했다 해도 '사는 보람'을 그리 쉽게 느낄 수는 없습니다.

그럴 때 '빨리 사는 보람을 찾아야 하는데' 또는 '더 즐겁게 살아야 하는데'라며 스스로 조급하게 몰아붙이는 사람도 있습니다.

그럴 필요 전혀 없습니다.

여러분은 '사는 보람'과 '즐거운 인생'이라는 말에 어떤 느낌을 가지고 있습니까? 많은 사람의 기대 속에 멋있게 활약하는 것인가요? 아니면 여행과 취미생활을 마음껏 즐기는 우아한 모습인가요? 혹은 손자들과 아이들에게 둘러싸여 단란한 한 때를 보내는 모습인가요?

저는 '사는 보람'이나 '즐거운 인생'이란 멀리 있는 것이 아니라 손만 뻗으면 닿을 수 있는 아주 가까운 곳에 있다고 생각합니다. 만약 그렇지 않고 쉽게 손에 넣을 수 없는 것이라면 이 세상은 온통 불행한 사람들로만 가득차 있지 않을까요?

정말 사는 보람이란
큰 것이 아닌 작은 것에서

주변의 시니어들을 보면 알겠지만 '따분해' '사는 게 편치 않아'라며 불평불만을 늘어놓으면서도 나름대로 평온하게 잘 살아가고 있습니다.

원래 사는 보람이란 '살 가치가 있는 것' '살아갈 의욕과 기쁨'이라는 의미를 가진 말입니다. 사는 게 너무 힘들다든지, 빨리 죽고 싶다는 생각을 매일같이 하는 사람들은 차치하고 정말 평범하게 살고 있는 사람들은 충분히 '사는 보람'을 가지고 살고 있다고 말할 수 있습니다.

그런데 TV, 잡지, 광고 등에서 '인생 좀 더 즐겨보자고!' 라는 구호를 가끔 보고 듣다 보면 '그럼 난 별로 즐겁게 살고 있지 않나 보다'라고 생각할 수도 있죠. 그러나 사실 저런 구호는 상품이나 서비스를 판매하기 위해 쓰는 말일뿐입니다.

신문, 방송 또는 인터넷 매체를 통해 저런 말들이 끊임없이 나오기 때문에 무의식 속에 '사는 보람을 더 가져야 하는 거 아냐?' '원래 내가 인생을 못 즐기는 건가?'라며 초조해지고 맙니다.

하지만 그럴 필요 전혀 없습니다. '사는 보람 같은 건 느긋하게 될거야'라고 생각하면 됩니다.

왜냐하면, 지금 여러분이 70대라고 해도 앞으로 많은 시간이 남아 있기 때문입니다.

나의 인생 '재출발 정리'가
필요하다

간호사 한 분이 어느 날 이런 말을 하더군요.

그분의 여동생은 그야말로 '이상적(理想的)인 주부'였답니다. 요리 솜씨도 좋고 아이들도 잘 키웠고 무엇보다 깔끔하게 사는 것을 좋아해서 언제 가봐도 집안 구석구석 먼지 한 톨 없이 부엌과 식기, 개수대까지 번쩍번쩍 광이 날 정도였다고 합니다.

그런데 몇 년 전부터 여동생 집에 가면 온 집안이 어질러져 있고, 70대가 되고 나서는 '여기가 그렇게 깔끔하던 여동생 집이 맞나?'라고 두 눈을 의심할 정도로 난장판이었다고 합니다.

'요즘은 더 엉망진창이 돼 버렸네. 이건 방이 아니라 창고가 돼 버렸고 치우고 싶어도 기력이 없어서 못 치우는 걸까?'

여동생보다 세 살 많은 이 간호사분은 여동생을 '타산지석'으로 삼아 쉬는 날마다 조금씩 주변 정리를 시작했다고 합니다.

정리가 꼭 필요하다
물건뿐만 아니라 마음까지

이 사례를 통해 알아두어야 할 것은 늙기 전에 '신변 정리'하는 것도 때가 있다는 것입니다. 가장 적당한 시기는 정년퇴직 전후인 60대 중반이라고 생각합니다. 그 이후가 되면 체력은 물론 결단력, 정리 능력도 약해집니다.

그러면 '생전정리(生前整理)'는 어떻게 하면 될까요?

이제 막 홀로 살기를 시작한 시니어라면 '생전정리라니! 재수 없게'라고 생각할 수도 있겠지만 이미 그 시기를 지나 노후의 한 복판에 있는 분들은 '생전정리' 시기마저 놓쳐버린 상태임을 감안하면 더 늦기 전에 지금까지 살아온 인생과 앞으로 살아갈 인생을 명확히 구분 짓는 의미에서도 '생전정리'를 해둘 필요가 있습니다. '생전(生前)'이라는 말이 약간 재수없다고 느껴진다면 '재출발 정리'나 '리스타트(restart) 정리'라 해도 무방하겠습니다.

혼자 사는 노후의 출발점은 여기부터입니다.

제 2 장

시니어의 교제에는
독특한 요령이 있다

제 **2** 장

시니어의 교제에는
독특한 요령이 있다

힘들 때, 괴로운 일이 있을 때 'SOS'를 요청할 수 있는 상대,
"도와줘-!"라고 말할 수 있는 상대는 꼭 확보해 두어야 한다

일과 관련됐던 만남은
이제 안녕

현역일 때 마음에 들지 않은 사람과 무리를 해서라도 만나야 했던 것은 자신의 감정이나 사생활 보다 일이 우선이었기 때문이겠죠.

게다가 할 줄 아는 거라곤 고작 부하 직원들에게 큰소리나 치고 으스대기만 하는 상사라도 체면은 세워 줘야 했고 거래처가 골프를 좋아하면 개인 일정까지 취소하고 휴일도 반납한 채 아침 일찍부터 집을 나서야 했습니다. 그때는 그것이 당연한 것이라고 생각했습니다.

그러나 노후에 혼자 살게 되면 이제 그런 관계들과는 "안녕"입니다.

예전의 직장상사나 동료들이 회식 자리에 나오라고 해도 무리해서 갈 필요가 없습니다, 예전의 거래처가 골프 치러 같이 가자고 해도 마찬가지이죠. 이제부터는 마음이 서로 맞는 사람, 개인적으로 친한 사람 외에는 다 거절해도 아무도 뭐라 하지 않고 욕할 사람도 없습니다.

그런데 40년 이상 직장생활을 해왔다면 '업무상 알게 된 사람들과 관계를 모두 끊어버리면 아는 사람이 아무도 없어서 고독해질 텐데'라고 불안해 할 수 있습니다.

하지만, 지금부터는 정말 만나고 싶은 사람만 만나도 되지 않을까요? 이웃 사람들이나 마음에 맞는 학창시절 친구들, 취미활동에서 만난 사람들 주변을 잘 살펴보면 여러 사람이 있습니다.

또한, 그동안 관계가 소원했던 옛 친구에게 연락해보는 것은 어떨까요? 편지를 보내거나 전화를 해서 옛날이야기를 하다 보면 이내 '그 시절'로 돌아갈 수 있습니다.

이해관계가 없는
만남의 즐거움

업무와 관련된 대인관계를 모두 그만두자고 해서 아무도 만나지 말라는 얘기는 아닙니다. 만남이 없어지는 것이 아니라 만남의 질이 달라지게 됩니다.

어떠한 상황에서도 아무런 이해관계가 없는 친구라면 누구나 마음이 푸근해집니다. 시니어 나이가 돼도 마찬가지입니다. 한 달에 한두 번 누가 먼저랄 것 없이 연락해서 만나 술 한잔하며 마음 편한 얘기를 나눌 수 있습니다.

이런 시간이 홀로 사는 사람들의 마음을 윤택하게 해주고 소중한 즐거움이 됩니다. 생활을 풍요롭게 해주는 귀중한 기회라고 할 수 있겠죠.

또한, 현역 때는 학창 시절 친구 중 업종이 서로 달라도 그 친구의 수입이 나보다 많거나 출세가 빠르거나 하면 "잘됐네" "대단한데"라고 막상 말은 하지만 선망과 질투심이 생겨나는 것은 어쩔 수 없는 일, 그렇게 되면 서로 흉금을 털어놓고 말할 수 있는 사이가 되지 못합니다.

그러나 서로 정년퇴직한 뒤 어느 한쪽이 혼자 살기라도 하면 사회적 지위나 직급도 모두 없어지며, 말 그대로 '재설정(Reset)'된 상황이 됩니다.

또한, 나이가 들면서 생활환경이나 경제 수준이 달라도 서로 무리하지 않은 선에서 만남을 이어가는 분별력도 갖추어집니다.

그러니 예전처럼 잘난 척하는 일 없이 대화도 가능해지고 술맛도 좋아집니다.

'SOS'를 요청할 수 있는
사람이 필요하다

노후에 혼자 사는 사람 중에는 '다른 사람에게 민폐 끼치는 일만은 절대로 하고 싶지 않다'라는 생각을 고집스럽게 가지고 있는 사람이 적지 않습니다.

M씨라는 여자분도 그런 사람입니다.

그녀는 젊을 때 병으로 수술을 받는 도중 수혈로 인해 C형 간염에 감염되었는데, 그것이 60대 후반이 된 지금 암으로 진행되어 매달 1주에서 10일 정도 입원 치료를 받고 있습니다.

오랜 세월 계속 혼자였던 그녀는 아파트 1층에 살고 있

는데, 어느 날 베란다로 들어온 길 잃은 고양이를 소중하게 키워 왔습니다.

심지어 입원 중일 때도 하루걸러 병원에서 이른 저녁 식사를 끝내고 외출 허가를 받아 택시로 집에 가서 고양이를 돌보고 있는데요.

병원과 집은 택시로 편도 10여 분. 그렇게 멀지는 않지만, 환자가 계속 다니기에는 정신적, 육체적으로 상당히 부담스럽습니다.

M씨에게도 근처에 친한 친구들이 있어서 그 친구들이 "고양이 내가 맡아줄까?"고 말을 해 봤지만, 그녀는 "민폐 끼치고 싶지 않으니까 내가 돌볼게"라며 고집을 피웠다고 합니다.

물론 혼자 사는 시니어가 지나치게 응석 부리듯 부탁만 해서는 안 될 일입니다만, 아플 때라면 예외로 생각해야 합니다. "좀 힘든데 도와주면 좋겠어요"라고 도움을 구하는 편이 오히려 주변 사람들의 걱정을 덜어줄 수 있습니다.

힘들 때, 괴로운 일이 있을 때 'SOS'를 요청할 수 있는 상대, "도와줘-!"라고 말할 수 있는 상대는 꼭 확보해 두어야 합니다.

또한, 그 반대로 상대편이 곤궁한 상태에 빠져 도움을 호소해 올 때는 흔쾌히 도와줍시다. 이것이 시니어 동지끼리 사귀는 규칙입니다.

믿을 만한
이웃 사람을 만들자

노후에 혼자 사는데 가장 기본적인 조건은 이웃 사람들과의 인간관계입니다. 근처에 마음 편히 소통할 수 있는 사람이 없다면, 즐겁고 쾌적한 노후는 기대할 수 없습니다. 무슨 일이 일어났을 때 아무런 도움을 받을 수 없다는 불안감도 커집니다.

그러면 지역사회에서의 인간관계는 어떻게 쌓아가야 할까요? 지역사회에만 한정된 것은 아니지만 사람들과의 연결은 주로 대화로 이루어지게 되는데, 그 시작점은 바로

'인사하기'입니다.

혼자 살다 보면 산책, 장보기, 쓰레기 분리 등 집주변에 나갈 기회가 많아집니다. 그때 이웃 사람과 마주치면 먼저 "안녕하세요"라고 의식적으로 말을 걸어봅니다.

인사받고 기분 나쁜 사람은 없으니까요. 방긋 웃으며 인사를 해오겠죠. 이렇게 서로 인사를 나누는 것이 사람과 사람을 연결하는 출발점입니다. 거기서부터 조금씩 대화를 나누면 됩니다.

가장 쉬운 대화 소재라면 단순하긴 해도 역시 날씨가 제일 좋겠죠. "갑자기 추워졌네요"라든가 "오늘 좀 덥습니다" 등등 그때마다 느낀 것을 말하면 됩니다.

그러다가 함께 서서 대화를 나누다 보면 대화 주제도 다채로워집니다. 외출할 때 서로 말을 걸어주고 어디서 선물이라도 들어오면 서로 나눠 주는 사이가 되는 것도 그리 오래 걸리지 않습니다.

믿을 수 있는 이웃이 생기면, 그만큼 혼자 살기도 한결 수월해집니다.

지역사회의 모임과 시설을 이용하자

집 근처에 지인을 만들고 싶어도 '마땅한 계기가 없어서…' 못한다는 사람이 있습니다. 현역 때야 아침 일찍 집을 나와 매일 늦은 시간에 귀가했으니 그렇다 치고 이제 퇴직하여 혼자 살기 시작했는데, 근처에 친한 사람을 만들어 보려 해도 '도무지 방법을 몰라서…'

그런 사람들을 지역사회에 받아들이기 위해 최근 각 지자체가 발 벗고 나서고 있습니다.

'아버님 환영파티'도 그중 하나입니다. 이는 도쿄의 무사시노(武藏野)시가 헤이세이(平成) 12년(2000년)부터 시작한 행사인데, '지역에 돌아오신 것을 환영합니다'라며 정년퇴직 전후의 사람들을 초청해 취미활동과 자원봉사활동을 하는 사람들과 교류하도록 하는 모임입니다.

매년 1회 개최되는 '아버님 환영파티' 외에도 매달 개최하는 '아버님 환영 카페'도 있는데, 코로나 때문에 지금은 온라인으로 실시하고 있습니다.

또한, 도쿄의 히노(日野)시의 "모구사단지(百草團地) 교류 카페"는 단지 내 빈 점포를 이용해 입장료 100엔으로 커피와 차를 제공하는데, 매일 다양한 사람들이 찾아와서 편하게 대화하고 바둑이나 장기를 두거나 신문과 잡지를 볼 수 있다고 합니다.

이런 곳들을 이용하면 지금껏 죽도록 일만 하고 사느라 지역사회와는 특별한 관계가 없었던 사람들도 자연스럽게 지역사회에 스며 들어가 이웃 사람들과 즐길 준비를 할 수 있게 됩니다. 거주지 행정기관의 홈페이지를 찾아서 살펴보면 되겠습니다.

이웃 사람과 친해지기를
귀찮아해서는 안 된다

전업주부 생활을 계속해오면서도 주민회의(부녀회 등)
나 자녀들 학교에서 운영위원회 임원 활동 경험 등이 있다
면 혼자 살게 되더라도 이웃 사람들을 사귀는데, 큰 어려
움은 없을 것입니다.

그러나 오랜 세월 직장생활만 하며 이웃 사람들과 형식
적으로만 알고 있었던 사람이라면 정년퇴직 후 생활환경
이 '지역밀착형'으로 바뀌었음에도 불구하고 이웃 사람들
과 교제를 귀찮아할 수 있습니다.

그러나 이제 지역사회 일원으로서의 생활 비중이 커진

이상 좁은 지역사회 속에 고립되지 않도록 어떻게 이웃을 만들어나가야 할지 생각해 보아야 합니다.

이때 가장 중요한 것은 '이웃 사람과 친해지기가 귀찮다'는 생각을 버려야 하는 것입니다.

그렇지 않아도 지역에 익숙하지 않은데 이웃 사람과 친하게 지내는 것이 어렵고 귀찮다고까지 느낀다면 그것은 아마도 본인 스스로가 마음에 담을 쌓아두고 있기 때문일 수도 있습니다. 하지만 그런 경계심을 허물고, 어깨에 힘을 빼면 의외로 친하게 지낼 수 있는 사람을 쉽게 만날 수 있습니다.

먼저 다가가는 방법에는 공부가 필요하다

처음부터 '이웃과 친하게 지내야 하는데'라며 부담 갖기보다는 '나와 잘 맞는 사람이 있으면 다행이지' 정도로 느긋하게 생각하면서 자연스럽게 말을 주고받으며 시작하면 됩니다.

그러면 어느샌가, 외출할 때 서로 말을 걸어주기도 하고 집 근처 마트에서 마주칠 때는 서서 한참 수다 떨기도 하면서 함께 장을 보는 사이가 될 정도가 됩니다. 그때부터는 한결 살기가 수월해집니다.

좀더 구체적으로 얘기해볼까요? 우선 얼굴을 마주치면 반드시 인사부터 시작합니다. 인사말 한마디 주고받기만 해도 점점 친근함이 두터워지기 때문에 웃는 얼굴로 '안녕하세요'라고 말을 걸어 봅시다.

인사법을 연구하고
연습을 자주해야 한다

인사에 익숙해지면 한마디 더 '좀 추운데요'라든지 '비가 올 것 같애요'처럼 날씨를 화제로 꺼내는 것도 무난하겠죠.

그리고 내친김에 '역 앞에 새로 생긴 빵집에 가보셨나요? 어제 제가 가봤는데 꽤 맛이 괜찮던데요' '다음 주 방재훈련(防災訓練)*에 가시나요? 괜찮으시면 같이 갈까요?' 등등 정보 교환도 하고 세상 얘기 나누는 것도 나쁘지 않습니다.

다만 처음부터 지나치게 친해지려는 태도를 보이면 "너무 친한 척하려고 하는데?"라며 안 좋게 생각할 수도 있습니다. 친해지는 것도 순서가 있다는 말입니다. 특히 다른 사람의 사생활에 지나치게 관심을 보이면 문제가 생길 수 있으니 조심해야 합니다.

*방재훈련(防災訓鍊) : 폭풍, 홍수, 지진, 화재 따위의 자연 현상에 의한 재해를 방지하고 대비하기 위하여 실시하는 훈련이다.

웃는 표정을
연습하자

　이웃 사람과 인사할 때는 시원시원한 목소리로 합시다. "안녕하세요!" 그것만으로도 나에 대한 인상은 확 달라집니다.

　다만 잊지 말아야 할 것은 앞에서 잠시 언급한 것처럼 '웃는 얼굴'이어야 합니다. 웃음은 사람들과의 거리를 가깝게 해 줍니다.

　사실 누구라도 모르는 사람에게는 왠지 모르게 마음의 장벽을 치기 마련입니다. 그런 마음의 울타리를 단숨에 없애 주는 것이 바로 웃는 얼굴입니다. 상대방이 웃는 얼굴을 하면 기분도 부드러워지고 경계심도 풀어지는 경험은 누구나 가지고 있지 않을까요? 그러니 웃는 얼굴은 인간관계를 이어주는 큰 무기인 셈입니다.

하지만 일본인은 대체로 웃는 얼굴을 만드는 방법이 서투른 편입니다. 외국 사람들의 웃는 얼굴을 잘 살펴보면 치아를 보이면서 웃는 것을 알 수 있습니다. 그것이 일본 사람의 웃는 얼굴과 가장 중요한 차이점입니다. 여기가 아주 중요한 포인트입니다.

항상 웃는 얼굴로 사람들을 대하기 위해서는 평소에 크게 웃는 습관을 들여놔야 합니다. TV 코미디 프로그램이나 예능을 보다가 웃기는 장면이 나오면 아낌없이 큰 소리로 웃어봅시다. 그것을 계속 반복하다 보면 웃는 얼굴이 습관이 되고 사람들 앞에서도 자연스럽게 웃는 얼굴이 됩니다.

그러나 때로는 '도저히 웃는 얼굴로 있을 수 없다'는 심경일 때도 있을 것입니다. 그럴 때는 미국의 심리학자 윌리엄 제임스의 다음 말을 떠올려 보세요.

'즐거워서 웃는 게 아니다. 웃으니까 즐거운 거다.'

"왕년에 내가 말이야…"
꼴불견 중에 꼴불견

지역 활동과 취미 모임 등에 참가하면 여러 종류의 사람들과 만나게 됩니다. 거기서 좋은 만남이 생기기도 하지만 앞으로 함께 즐겁게 지낼 수 있을지 여부는 사실상 첫인상에 달려있다 하겠습니다.

새로 만난 사람과 친하게 되는 계기는 서로 자기소개를 할 때인데, 그때 당신이 이렇게 말하면 어떻게 될까요?

'대기업에서 일하다 보니 거의 유럽에서 지내야 했고요. 마지막에는 본사에서 상무이사로 근무했지요…'

첫인상으로는 최악입니다. 두말할 필요도 없이 상대방

은 당신을 아주 거북해 할 것입니다.

사실 해야 할 이야기는 은퇴 후 홀로 살고 있는 현재의 자신에 대한 이야기입니다. 과거에 잘 나갔던 이야기만 늘어놓으면 결코 좋은 인상을 줄 수가 없습니다.

더구나 옛날 직책까지 들먹이며 자랑하는 건 정말 어리석은 것입니다. 스스로를 꼴사납고 비참하게 만들 뿐이라는 것을 명심해야 합니다.

"○○동에서 혼자 살고 있는 △△라고 합니다. 예전부터 해보고 싶어서 장기(바둑) 모임에 참가하게 되었습니다. 장기는 서툴긴 하지만 잘 부탁드리겠습니다."

좋은 만남은 이렇게 겸손한 자기소개부터 시작합니다.

기왕에 은퇴했으니 이제 생각을 고쳐먹고 새로운 친구를 만들어야 하는데 아무 소용없는 잘 나갔던 지난날들은 깨끗이 잊어버립시다.

그것이 안 되면, 어떤 모임이나 집단에 들어갈 수 없고 외톨이가 되고 맙니다.

좋은 이웃을
고르는 방법

아무리 서로 이해관계가 걸려 있지 않은 시니어들끼리라 해도 모두가 친해질 수 있는 것은 아닙니다. 역시 여기에도 '궁합'이라는 것이 있습니다.

가령 A씨와 B씨가 같은 말을 해도 'A씨에게는 호감이가는데, B씨는 어쩐지 좋아지지 않는다'고 느낄 때가 있습니다.

왜 이렇게 다른 인상을 받게 되는 것일까요?

그것은 '비언어(非言語) 커뮤니케이션'이라는 것 때문

입니다.

우리는 어떤 사람에 대한 인상은 그 사람이 말하는 내용으로부터 큰 영향을 받는다고 생각하기 쉽습니다. 그런데 실제로는 말하는 내용보다는 말할 때의 표정과 몸짓에 의한 영향이 55%나 된다고 합니다.

즉, 대화 상대의 인상을 좌지우지하는 것은 대화 내용이 아니라 표정과 몸짓이라는 것이죠. 그렇기 때문에 똑같은 말을 해도 'A씨에게는 호감이 가지만, B씨에게는 왠지 그렇지 못하다'는 현상이 일어납니다.

행동에 나타나는
감정을 숨길 수 없다

이처럼 언어 이외의 대인(對人) 커뮤니케이션을 '비언어 커뮤니케이션'이라 합니다. 비언어 커뮤니케이션이 사람의 인상 형성에 큰 영향을 주는 이유는 대화의 내용에는 의식적 요소가 많이 포함되어 있지만, 표정과 몸짓에는 무의식적인 요소가 많기 때문입니다.

'나는 잘났고 다른 사람에게 내 자랑하는 게 좋아'라고 생각하는 사람의 경우 대화의 내용상으로는 그것을 숨길 수 있을지 모르나 그래봤자 결국 표정과 몸짓에서 모두 드러나기 때문입니다.

그렇다고 '왠지 좋아할 수가 없다'는 인상에 너무 집착해버리면 대인관계 폭이 좁아지기 때문에 내 쪽에서 먼저 열린 마음으로 상대방을 받아들여 줄 필요가 있습니다.

다만 다음과 같은 버릇을 가진 사람은 스트레스를 줄 가능성이 높기 때문에 만날 때 주의해야 합니다.

● 대화 중 손가락질하는 사람

다른 사람에게 손가락질하는 것을 심리학에서는 '수준의 차이를 만드는 행위(One-up Position 형성)'라고 합니다. 즉 손가락질하는 것은 '내 위치(position)가 너보다 높다'고 생각하기 때문에 나타나는 버릇인데, 이때 손가락질 당하는 사람은 '내가 무시당하고 있다'고 느끼게 됩니다.

현역일 때야 선생과 학생, 상사와 부하, 선배와 후배, 고객과 업자 등 분명한 상하 관계가 있었지만, 시니어가 되면 그런 관계 때문에 좌우될 일이 없습니다.

● 한숨 쉬는 사람

한숨은 어떤 상황일 때 나올까요? 스트레스가 쌓였을 때입니다. 한숨은 스트레스의 과부하(過負荷)로 깨져버린 자율신경계의 밸런스를 회복시키기 위해 나오는 것이라 그 자체는 몸과 마음에 바람직한 현상이라고 하겠습니다.

그러나 상대방이 한숨 쉬는 것을 들은 사람의 입장에서는 -그리고 그 사람이 한숨은 스트레스가 원인이라고 이해하고 있다면- '내가 저 사람에게 그렇게 스트레스를 줬나?'라며 불안해집니다. 실제로는 그렇지 않더라도 무의식 속에 그렇게 생각해버리기 때문에 이런 사람과 함께 있으면 내가 스트레스를 더 받게 됩니다.

● 팔짱을 끼는 사람

팔짱을 낀다는 것은 '당신과는 거리를 두고 싶다' '당신을 공격하고 싶다'는 마음을 나타내는 의사 표현입니다. 이런 사람에게 '친하게 지내봅시다'라는 마음으로 다가가

봤자 소용없다는 것은 설명할 필요도 없겠죠.

● 이야기 도중에 말을 끊고 끼어드는 사람

말할 것도 없이 '당신 이야기 같은 건 끝까지 들을 필요도 없어'라는 마음을 나타냅니다. 혹시 상대방이 당신을 존중하는 마음을 가지고 있다면 한창 말하고 있는 도중에 이야기를 끊고 들어오지는 않겠죠. 즉, 그 사람은 당신을 깔보고 있다는 뜻입니다. 이런 사람과 대화하면 스트레스만 쌓일 뿐입니다.

혹시 이런 사람을 만나 실제로 스트레스를 받게 될 것 같으면, 그 자리를 재빨리 벗어나는 게 상책입니다.

좋은 대인관계를 위한 '다케다 신겐'의 77가지 주의사항

혼자 살게 되고 나서 새로운 친구 또는 아는 사람을 만들기 위해 행사 같은데 참가했을 때,

"저 사람은 어쩐지 마음에 안 드네"

"평소에는 아무렇지도 않은데, 저 사람이 하니까 거슬려"

등등 사소한 것들까지 신경이 쓰이고 제대로 되는 일이 없는 경우가 있습니다.

'거슬린다' 또는 '거슬려서 화가 난다'라는 부정적 감정

을 가지는 이유는 여러 가지가 있겠지만 가장 많은 것은 '나 같으면 저렇게 안 한다' '나와 다르다'고 생각하기 때문입니다.

가령 어떤 사람의 목소리가 너무 크면 '저렇게 큰 소리를 내다니 주위에 민폐라는 생각을 안 하나?' '정말 시끄러운 사람이네'라고 생각할 수 있습니다.

또한, 내가 먼저 인사를 했을 때 누군지 모르겠다는 표정을 하는 사람이 있다면 '정말 무례하군' '예의를 모르는 사람하고는 친해지고 싶지 않아'라고 생각하게 됩니다.

그러나 사람의 태도나 성격은 당연하게도 모두 같을 수는 없습니다. [나와 다르다 = 좋아질 수 없다]고 생각하는 것은 지나치게 주관적이라는 말입니다. 애당초 '친구나 지인을 만들고 싶어서' 이벤트에 참가했으니, 정말 생리적으로 나와 맞지 않는 사람은 어쩔 수 없다 해도 사소하게 다른 부분 정도는 무시하는 것이 현명하지 않을까요?

여기서 인물 평가방법 한 가지를 소개해 보겠습니다. 과거 탁월한 인재 활용으로 유명한 다케다 신겐(武田信玄)

이 후세에 남긴 '사람을 판단할 때의 7가지 주의사항'인데 사람의 실체를 오인하거나 착각하지 않도록 주의해야 할 내용들입니다.

인물의 실체		착각, 오인
① 넋 놓고 방심하고 있는 사람	➡	침착한 사람
② 섣불리 행동하는 사람	➡	추진력이 높은 사람
③ 무능력해 아무것도 못하는 사람	➡	중후한 사람
④ 지레짐작하고 덜렁대는 사람	➡	판단력이 빠른 사람
⑤ 업무 파악을 못해 애매한 말만 하는 사람	➡	신중한 사람
⑥ 입놀림이 경솔하고 사람들 앞에서 남의 험담을 늘어놓는 사람	➡	능력 있는 사람
⑦ 뚜렷한 자기주장이 없는 사람	➡	신념이 강한 사람

정곡을 제대로 찌르는 지적들입니다.
여러분들도 참고해 보시기 바랍니다.

물과 기름 같은 사이가
오히려 더 잘 지낸다

그러나 시니어들의 친구 만들기는 능력 있는 직원을 찾기 위한 인물 평가와는 다릅니다. 물론 '다케나 신센의 7가지 주의사항'이 효과는 있겠지만, 하지만 혼자 사는 시니어가 친구 만드는데 사람 평가를 그렇게까지 철저히 하지 않아도 되지 않을까 싶습니다. 그 대신 신경에 거슬리거나 화가 나는 일이 있으면 부정적으로 생각하지 말고 가급적이면 긍정적으로 바꿔 생각해 보는 정도만 해도 충분하겠습니다.

즉, 요란스럽게 웃는 사람이 있다면 '성격이 참 밝은 사람이네' '함께 있으면 즐거울 것 같은 사람'이라고 생각하는 겁니다.

또한, 인사를 하지 않는 사람이 있다면 '낯가림이 심하거나 부끄러움이 많은가 보다'라고 생각 해버리면 됩니다.

이렇게 하면 비교적 간단히 부정적 감정을 긍정적 감정으로 전환시킬 수 있겠죠. 새로운 친구와 지인을 만들려고 할 때 참고하시면 되겠습니다.

그리고 이렇게 '나와 다름'을 받아들이고 교제를 시작한 사람과는 좋은 관계를 이어나갈 수도 있는데요. 이는 심리학적으로도 증명되어 있습니다. 즉, '상호보완성의 요인'이라는 심리인데 한쪽에 부족한 부분을 다른 쪽이 보완해 주는 것을 말합니다.

가령 웃는 것마저 삼갈 정도로 내성적인 커플이 있다고 합시다.

얼핏 보면 '잘 어울리네'라고 보일지 몰라도 두 사람 관계에 별 진전이 없을 거라는 점은 두말할 필요도 없습니다. 저렇게 계속 같이 있으면 서로 기운이 빠지지 않을까 걱정될 정도입니다.

반면 한 사람이 큰소리를 내며 웃는 사람(=성격이 밝은 사람)일 경우, 그 사람이 대화와 행동에 주도권을 가지고 다른 한쪽이 그에 따라가 주는 이상적인 커플이 되면 즐겁고 사이좋게 지낼 수 있습니다.

서로 뜻이 맞지 않고 반발해 사이가 나빠진 것을 흔히 '물과 기름 같은 사이'라고 합니다만 인간관계에서는 이처럼 '물과 기름 같은 사이'라서 오히려 더 잘 지내는 경우도 적지 않습니다.

적어도 그렇게 생각하고 있으면 나와 다른 사람을 만났다 해도 그다지 신경이 쓰이지 않을 것이고, 초조함이나 스트레스도 줄일 수 있겠죠?

더구나 시니어 나이가 되면 늘 건강할 거라고 단정할 수 없습니다. 상대가 인사를 해와도 받는 사람의 눈이 나쁘거나 침침해져 있다면 인사받았다는 사실조차 모르는 경우도 종종 있을 수 있으니까요.

'오는 사람 막지 않는다'는 위험한 생각이다

'가까운 이웃'이 의지가 된다는 것은 이미 얘기를 했습니다만, 이웃 사람들과 인간관계를 만들 때 '오는 사람은 막지 않는다'라고 생각하고 있다면 어떻게 될까요?

특히 이제 막 홀로 살기 시작했을 시기에는 너무 쓸쓸한 나머지 필요 이상으로 가깝게 지낼 수 있는 사람을 찾으려 하기 쉬울 때라 주의가 필요합니다.

왜냐하면, 그런 사람들 중에는 '사실은 남을 돕는 일을 좋아하진 않아, 하지만 그렇게 해서 그 사람이 나를 의지하게 되면 내가 중요한 사람이라는 것을 느낄 수 있으니까'라며 단지 자신의 지배 욕구를 충족시키기 위해 다가오는 사람들도 있기 때문입니다. 그러니까 시니어들 사이에도 '기선을 잡고 싶어 하는 사람들'이 있다는 얘기입니다.

원래 사람에게는 의존심이 있는 데다가 노후에 혼자 살게 되면 의존심은 더욱 커집니다. 그렇기 때문에 저런 사람들과 엮이게 되면 어느새 그 사람 없이는 살지 못하게 돼버립니다.

그중에는 특정 의도를 가지고 접근해오는 사람들도 있겠죠. 가령 종교와 관련된 사람들도 섞여 있을 가능성도 있습니다.

그러면 어떻게 해야 이런 사람들에게 지배당하지 않을까요?

말할 것도 없이 가까이하지 않는 것이 제일 좋습니다. 그러나 사실 한동안 만나보지 않으면 그 사람이 지배욕이 강한 사람인지 어떤지 모를 일입니다.

자칫 손 쓰기 어려울 정도로 늦어버릴 수도 있으니, 여기에 지배욕이 강한 사람들에서만 엿보이는 몇 가지 특징을 소개해 두겠습니다.

- 자신의 생각을 강요하려 한다.
- 그것이 잘 안 되면, 곧바로 초조해한다.
- 자기주장이 강하다.
- 상대방이 자신을 좋아하며 필요로 하고 있다고 일방적으로 생각하고 있다.
- 승부욕이 강하다.

이상의 5가지 중 세 가지 이상 해당되는 사람이 어느 날 '부드러운 말투로' 다가오면 요주의 대상입니다. 여러분의 싱글 라이프에 들어오지 못하게 하거나 쫓아내야 합니다.

그리고 여러분 자신도 혹시 여기에 해당하는 건 아닌지 확인해 보시기 바랍니다. 자신도 모르는 사이 지배욕이 강해져 있을 수 있기 때문입니다.

사소한 화제가
서로의 거리를 좁혀 준다

사람을 사귀는데 서툰 사람들의 공통적인 특징은 대화가 잘 이어지지 않는다는 점입니다. 상대방과의 대화에 서툰 사람은 다음과 같이 대화가 나쁜 흐름에 빠져버리는 패턴을 보입니다.

즉, 상대방이 이야깃거리를 꺼내도 융통성 없는 대답만 합니다.

⇨ 그다음 얘기가 전개되지 못한다.

⇨ 침묵이 이어진다.

⇨ 분위기가 어색해진다.

왜 이렇게 돼버리는 걸까요?

그것은 '세련된 대답을 해야 하는데' '상대방이 흥미를 가질 만한 얘기를 해야 하는데'라는 의식을 너무 강하게 가지고 있기 때문입니다. 그리고 자신을 조금이라도 좋게 보이게 하고 싶은 심리가 작동하기 때문에 입을 쉽게 열지 못합니다.

그러나 상대방의 마음에 울림을 주고, 대화에 활기를

주는 것은 세련된 대답이나 흥미를 유발시키는 주제들뿐만은 아닙니다.

그럼 어떤 식으로 어떻게 말하면 좋을까요?

능숙한 말투가 아니어도 솔직한 생각을 말하는 것이 중요합니다. 대화 주제도 아주 흔한 신변 이야기, 사소한 이야기만으로도 충분합니다.

"나 요즘에 영양제 먹는 것을 깜박하고 또 먹는 일이 자주 있어요."

"아니? 사실 저도 그래요! 그래서 저는 영양제를 먹고 나서 바로 메모에 체크 표시를 해둔답니다."

고령자들 사이에 흔히 있는 "정신없는 일상"의 한 단면을 함께 털어놓다 보면 서로의 거리는 순식간에 좁혀지고 단번에 마음을 열고 허물없이 지낼 수 있는 관계로 더욱 발전할 수 있습니다.

자신의 방식과
취향을 강요해서는 안 된다

사람이라면 누구에게나 자신만의 방식과 취향이라는 것이 있습니다.

가령 소바를 먹을 때 '소바면'을 '소바장'이 담긴 종지에 살짝 찍어 한 번에 후루룩 들이켜 먹는 사람이 있다고 합시다. 그는 그렇게 먹어야지만 소바의 향기와 식감을 잘 느낄 수 있다고 믿고 있습니다.

물론 자기 방식을 따르는 것 자체는 아무 문제가 없지만, 주위 사람들에게까지 그것을 강요하면 어떻게 될까요? 가령, 어느 날 이웃 사람과 소바 식당에 함께 갔는데, 이웃 사람이 '소바장'에 '소바면'을 '푹' 담가서 먹는 것을 보고는 "아니, 소바를 그렇게 장에 담근다고요? 그러면 소바 향이 전혀 안 날 텐데요"라고 말해버립니다.

소바를 세련되게 먹는 자신만의 방법을 가르쳐 줄 생각이었는지는 모르겠으나, 그 말을 들은 이웃 사람은 흥미가 전혀 없습니다. 식사 자리 분위기가 나빠진 것은 물론이고 '내가 너하고 두 번 다시 밥 먹으러 가나 봐라'며 마음속으로 결심해 버리겠죠.

또한, 상대가 읽고 있는 책을 보고 "저도 그 책 읽어봤는데 정말 재미없어요. 시간 낭비입니다"라고 말하거나 상대가 미스터리 소설을 좋아한다는 것을 알고는 "이 책을 추천하는데요! 읽고 나서 감상을 들려주시죠"라고 강요하듯이 말하면 어떻게 될까요?

본인은 친절한 마음으로 말하고 있는 것일지도 모릅니다만, 듣는 입장에서는 '책 정도는 내 맘대로 읽게 해주세요. 궁금한 것이 있으면 물어보든지 할게요'라는 기분일 겁니다.

이처럼, 자기만의 방식과 생각을 강요하는 것은 사람들과의 관계에 금을 가게하고, 교제의 폭을 좁혀 버립니다.

특히 나이가 들수록 더욱 그렇습니다. 각자가 자기만의 방식에 고착화되어 있으니 거기에는 아예 발을 들여놓지 않는 것이 상책입니다.

그리고 상대방의 방식도 존중해 줄 수 있도록 마음의 도량(度量)을 넓고 크게 가지는 것이 중요하다고 하겠습니다. 가령 어떤 사람이 특정 건강관리법에 심취되어 있다면, 속으로는 '그게 효과가 있겠어?'라고 생각되더라도 "몸에 두루 신경 쓰는 건 좋죠"라고 말해주면 되는 겁니다.

"여행이라면 정취가 있는 온천이 최고지"라고 말하는 사람이 있다면 -비록 자신은 해외여행파라고 해도- 자신의 취향을 말하지 않고 "온천이요? 운치가 있죠" 정도로 대응해주면 서로 거북해지는 일은 없겠습니다.

요컨대 서로를 존중해주면 화기애애하게 즐거운 교제를 계속할 수 있다는 얘기입니다.

개인정보를
함부로 묻지 말자

    정년퇴직 후에 알게 된 사람들은 대부분 소위 계급장 떼고 만나는 사람입니다. 그래서 일까요? 무슨 말을 해야 좋을지 몰라서인지 "어느 회사에 다니셨나요?" "직장 그만 둔지 얼마나 되셨나요?" "가족분들은?" "취미는요?" 등등 마치 개인정보를 공개하라는 면접관처럼 질문을 계속 쏟아내는 사람이 있습니다.

    그러면 상대는 어떻게 생각할까요?

    '어디서 함부로 사적인 것들을 물어보는 거야?' '귀찮은 놈이네'라고 말하고 싶겠죠. 적어도 갑자기 개인적인 부분을 건드리며 들어오는 사람과 친하게 지내고 싶은 사람은 없을 겁니다.

여러분이 국내 어느 곳에 패키지여행으로 혼자 갔을 때, 저녁 식사 자리에서 어느 부부와 동석했다고 합시다. 그 부부가 친한 척하며 번갈아 "왜 혼자되었나요?" "이혼하신 건가요?" 등등을 물어온다면 여러분 기분은 어떻겠습니까?

누구나 인생을 순풍에 돛단 듯 살아오지는 않았을 겁니다. 현역 때의 일들을 모두 잊어버리고 싶은 사람이 있는가 하면 이제 막 가족이 돌아가신 분들도 있습니다. 상대편이 말을 먼저 꺼냈다면 또 모를까 내가 먼저 개인적인 질문을 하는 것은 삼가해야 합니다.

어떠한 상황이든 새롭게 만나서 계속 친한 사이로 발전할 수 있을 지는 마음 편안한 거리감을 유지할 수 있는지 여부에 달려 있습니다. 갑자기 개인적인 부분에 쑥 들어가는 것은 상대방의 마음속에 흙 묻은 신발을 신고 들어가 짓밟는 거나 마찬가지입니다.

자신의 나약한 부분도
모두 드러내자

나이가 들면 어쩐지 컨디션이 좋지 않고 걷는 것도 귀찮고 몸 상태도 온전치 못할 때가 많습니다.

하필 그럴 때 약속이 잡혀있다면 '오늘 몸이 좀 안 좋아 못 나가겠어. 다음에 불러주게나'라며 솔직하게 말하면 될 것을 자존심이 강하고 남에게 약점을 보여주기 싫어하는 사람은 약속을 딱 잘라 거절하지 못합니다.

어쩔 수 없이 의리를 지킨답시고 아픈 몸을 이끌고 억지로 약속에 나가긴 했지만, 어딘가 불편하고 언짢은 기색이라도 보이면 '요즘 그 친구 신경질 적이 됐어'라는 소문이 돌고 결국 대인관계의 폭도 좁아지고 맙니다.

한편 어쩔 수 없는 사정으로 주위와 거리를 두어야 하는 경우도 있습니다.

저의 지인 중 한 사람은 혼자 살기 시작한 지 얼마 되지 않아 뇌경색이 발생했는데, 다행히 증상은 가벼운 편이었지만 약간의 언어장애가 남게 되었습니다.

최소한을 밝히면
더욱 가까워질 수 있다

지인은 그것을 힘들게 생각해 친구들과 말하는 것을 피하기 시작하더니 전화마저 받지 않게 되자, 친구들과의 관계는 점점 소원해져 갔습니다.

자신감을 가지고 당당히 살아온 사람일수록 자신의 약점을 보여줄 수가 없어 점점 스스로를 좁은 세계로 몰아넣는 경향이 있습니다.

심지어 태어나서 처음 해 넣은 틀니가 딱 맞지 않아 생각대로 발음이 되지 않자 사람들과 대화하는 것이 귀찮아져서 아예 외출을 하지 않는 사람도 적지 않게 있습니다.

건강 상태와 심신의 컨디션이 안 좋아, 사람들과 만나는 것이 어려워진 경우 이유도 말해주지 않고 만남을 계속 피하기만 하면 결국 고립되고 맙니다.

나이가 들고나서 지역사회와의 접점을 잃어버리면 그것은 생명줄을 잃는 것이나 마찬가지입니다. 더구나 홀로 사는 사람이라면 그것은 생사가 걸린 문제가 됩니다. 고령자가 지역사회와 긴밀한 관계를 가지고 어떻게 소통을 계속 유지할 수 있는가는 그만큼 중요한 문제라 하겠습니다.

그럼 몸 상태가 안 좋아서 사람들을 만나고 싶지 않을 때는 어떻게 해야 할까요?

허세와 자존심을 모두 버리고 있는 그대로 자신의 상황을 밝히면 됩니다.

"사실 얼마 전, 암 수술을 받았어. 지금도 항암치료 중인데 기분이 울적한 일도 많고 해서 말이야 미안하지만, 지금은 나갈 기분이 안 드네……."

"그랬었구나. 힘들었겠다. 그런 것도 모르고 오히려 미안해. 힘든 일이 있으면 뭐든지 말해줘"

상대도 사정을 이해해주니 당분간 외출하지 않아도 고립이 심해질 일은 없겠습니다.

또는 이런 일도 있을지 모르겠습니다.

"아니, 이런 우연이 다 있나? 사실 나도 암 투병 중이야…"라며 상대편도 자신의 상황을 밝히면 서로의 관계가 더욱 깊어질 수도 있겠습니다.

'정보교환'이라는 의미에서도 효과적입니다. 이처럼 약점이라고 생각했던 것 모두를 있는 그대로 밝히는 것은 결코 부끄러운 일이 아닙니다.

그리고 지역에서 비슷한 나이의 사람들은 이제 경쟁자 아닌 동료들입니다. 현역 때와는 달리 자신의 약점을 밝히더라도 자신에게 마이너스가 될 일은 하나도 없습니다.

상대방이 기분 나쁘지 않게
거절하는 방법

이웃 사람에게 초대를 받았는데, 그 사람과 아직 그다지 친하지 않은 상황에서 거절해야 할 경우는 특히 신경을 서야 합니다.

이때 가장해서는 안 될 말은 '그런 거에는 관심이 없는데요' 혹은 '나가기가 귀찮아서요'라며 소극적인 이유를 대며 거절하는 것입니다.

지역에 아는 사람도 적고 그때까지 지역사회에 참가할 기회도 없었던 사람이라면 그럴 것이 아니라 '한번 가서 볼까?'라며 호기심을 가지고 초대에 응해 보는 것은 어떨까요?

혹시 가봐서 재미없거나 싫다고 느끼면 그다음부터 거절하면 됩니다. 그러니 너무 심각하게 생각할 필요 없습니다.

다만 초대를 거절하는 경우 어느 정도의 배려가 필요합니다. 너무 매몰차게 거절하면 '이 사람하고는 같이 못 다니겠네' '가까이하고 싶지 않다'고 받아들여져 이후에 소통이 완전히 끊어져 버리는 경우도 있습니다.

뭔가를 부탁받았거나 어디에 초대받았지만, 거절할 경우에는 언어 선택에 특히 신중해야 합니다.

가령 거절할 때 '죄송하지만, 이번에는 할 수 없습니다' '미안하지만 좀 무리입니다'와 같이 말하면 거절의 강도가 매우 세게 느껴집니다. 뿐만 아니라 '죄송합니다' '미안하지만'이라는 말이 붙어 있으니 정중한 느낌이 전해질 것이라고 본인은 생각할지 몰라도 말속에 들어있는 무례함은 금방 간파당하고 맙니다.

거절한다고 해도 '아쉽습니다만!'이라는 느낌을 담지 않으면 다음에 다시 초대받을 가능성은 낮아집니다.

'초대해주셔서 감사합니다. 다만 선약이 있어서… 그러니 기분 상하지 않으시길 바랍니다!'

'죄송합니다. 이번에는 사양하겠습니다만 다음 기회에 꼭 다시 초대 부탁드립니다.'

이렇게 말할 때 중요한 것은 거절한 채 말을 끝내지 말고, '다시 꼭 초대해주십시오'라는 말을 추가하는 것입니다.

'부디 이번 한 번만 양해 해주시고, 다음에 다시 초대해주시기 바랍니다.'

'다음 기회를 기대하고 있으니 꼭 다시 말씀해 주십시오.'

이렇게 말하며 다음 기회로 이어질 수 있도록 신경을 써야 합니다.

또한 거절 의사는 미안한 표정을 하고 머리를 숙이며 아쉬운 마음을 표현하는 것이 기본입니다.

반대로 이쪽에서 누군가에게 부탁을 할 때는 '제 생각

만 하고 말씀드려 죄송합니다만 해주실 수 없으신지요?'
또는 '해주시면 정말 감사하겠습니다만, 어떠실까요?'와
같이 정중하게 전합니다.

그리고 거절당했을 때도 불쾌한 표정을 하면 절대 안 됩니
다.

'실례라는 걸 알면서도 부탁드린 것이니 아무쪼록 신경
쓰시지 않으셔도 괜찮습니다'라고 웃는 얼굴로 상대의 부
담을 덜어주도록 배려하는 것이 매너입니다.

거절도 예의가 필요
앞날을 위해

'눈도 입만큼 말을 한다'라는 말이 있습니다만 말 이상
으로 목소리나 얼굴 표정 등 그 사람의 인간성을 느끼게
하는 플러스 알파가 인상적으로 남게 됩니다.

어떤 경우에도 마음을 열고 미소를 지을 수 있다면 그
것이 바로 최고의 사교술입니다.

평소에 써먹을 수 있는
인사말들

누구라도 가볍게 대화할 수 있는 사람이 좋습니다. 그러나 수줍음이 많아 얘기를 잘못하는 사람 또는 낯가림이 심한 사람은 이웃 사람이라 해도 대화를 나누기가 쉽지 않습니다.

그런 사람들에게 대화가 왜 어렵냐고 물어보면 대부분 '말할 거리가 없어서'라고 대답합니다.

즉 대화를 순조롭게 이끌어갈 계기가 없어 인사만 하고 끝나 버리니 도통 대화가 이어질 수 없습니다.

이대로 놔두면 앞으로 사람들과의 대화라면 질색하게 되겠죠? 이처럼 대화가 도무지 이어지지 않는다는 사람들은 어떻게 해야 할까요?

대화는 이어져야 발전이
사람의 마음속으로

우선 짧은 말이라도 친근감을 느끼게 해줄 수 있는 인사말을 몇 가지 준비해 두었다가 그때그때 분위기를 봐서 가볍게 말을 꺼내 보는 건 어떨까요?

대화를 길게 계속하는 것보다 대화의 물꼬를 터주는 한 문장을 머리에 넣어두면 생각보다 편리합니다. 이야기하는 데 자신이 없는 사람일수록 간단한 문구를 여러 개 외우고 있으면 도움이 됩니다.

대화의 계기로써 사람들과 소통하는데 빠질 수 없는 것이 바로 인사인데요. 다행히 일본어에는 계절에 따른 인사말이 매우 많이 있습니다. 특히 시적인 문구를 가진 인사말을 대화할 때 사용하면 대화가 한층 다양해지고, 동시에 말하는 사람의 지성미도 느끼게 해줍니다.

계절과 날씨를 주제로 한 인사로 제대로 격식을 갖춘 문구를 몇 개만 기억해두면 평범했던 인사의 수준이 훨씬 높아지게 됩니다. 몇 가지 예를 들어보겠습니다.

• 하필이면 날씨가 이러네요 (あいにくのお天気ですね)

날씨가 기대와 달랐을 때 하는 말로, 굳이 말하지 않아도 '아쉽습니다'라는 생각이 들게 하는 말입니다.

• 촉촉한 단비가 내립니다 (よいおしめりで)

비오는 것이 싫을 때도 많지만, 그러나 동식물에게는 고마운 비입니다. 촉촉한 단비(おしめり)란 맑은 날씨가 오래 계속된 끝에 내리는 비로 정취가 담긴 아름다운 일본 말입니다.

• 한결 지내기 수월해졌네요 (すごしやすくなりましたね)

찌는 듯이 더운 계절에서 시원한 계절로, 또는 추위가 심한 계절에서 따뜻한 계절로, 쾌적한 날씨로 바뀌어 갈 때 어울리는 말입니다. '시원해졌습니다' '따뜻해졌네요'라고 말할 때 함께 쓰면 되겠습니다.

• 매화 꽃봉오리가 폈네요 (梅の（桜の）つぼみがほこ
ろびましたね)

봄이 왔음을 알리는 매화꽃이나 벚꽃을 보고 마음이 들
썩거리고 흥겨워지는 기분을 전하는 말입니다. 이런 말을
먼저 시작하면 수월하게 대화를 이어갈 수 있습니다.

• 초록빛이 아름다운 계절이 되었네요 (緑がきれいな時
期になりましたね)

신록이 아름다운 4월부터 5월까지 쓰면 시원시원한 기
분으로 인사를 할 수 있습니다.

• 날씨가 시원해지지 않네요 (なかなか涼しくなりませ
んね)

달력상으로는 가을이라도 실제로는 더위가 끝나지 않
고 있을 무렵에 공감해주기를 바라는 말입니다. '빨리 시
원해지면 좋겠습니다'라는 의미입니다.

• 식욕의 계절 가을이네요 (食欲の秋ですね)

결실의 계절 가을에 쓰는 문구입니다. 음식을 소재로
한 대화가 활발해지는데 그중에서도 '식욕의 계절 가을'은
특별합니다. 수많은 가을의 별미들을 주제로 맛있는 대화

가 이야기꽃을 피우겠죠.

* 날씨가 쌀쌀해졌네요 (肌寒くなりましたね)

가을이 깊어가고 겨울이 다가올 때 쓰는 말입니다. 낮과 밤의 기온 차가 큰 계절에는 '이제 겨울 코트를 꺼내야겠어요' 등 옷을 주제를 한 대화도 적당합니다.

* 감기가 유행인가 봐요 (風邪が流行っているようですね)

감기, 인플루엔자가 유행할 때는 '감기가 돌고 있는 것 같은데 별일 없으시죠'라며 상대를 배려하는 표현이 어울립니다.

이처럼 계절과 날씨를 대화 주제로 하면 무리 없이 공감을 얻을 수 있습니다. 또한 마음의 거리를 좁히는 데도 딱 좋습니다.

한턱내서도 얻어먹어서도
안 된다

이제 살고 있는 곳이 대인관계의 주된 장소로 정착되면 길을 가다가 또는 상점가 등에서 이웃 사람들과 마주쳐 인사하는 경우가 많아집니다. 일상생활 공간에서 '안녕하세요'라며 서로 웃는 얼굴로 인사를 나눌 사람이 있다는 것이 이렇게 즐거운 건가? 라고 느끼게 되죠.

직장도 아니고 친척도 아니며 특별히 상하 관계도 아니라면 지켜야 할 의리도 얽매일 것도 없는……. '아무것도 없는 것'뿐인 바로 이것이 지역사회에서 만남의 멋진 점입니다.

그런 만큼 지역사회에서의 만남에는 '돈 관계'를 끌어들여서는 안 됩니다. 특히 작은 것이라도 대접을 받거나 대접하는 것은 원칙적으로 하지 말아야 합니다.

'차 한 잔쯤이야 제가 사겠습니다'라며, 곧바로 지갑을 여는 사람이 있는데, 조심하셔야 합니다.

노후의 경제 사정은 저마다 달라서 커피 몇 잔 정도야 아무것도 아니라는 사람들도 있습니다만 사실 거기에는 상대를 위한다기보다 사람들에게 선심 쓰며 한턱낼 수 있는 "잘난 자신"에 대한 만족감을 느끼고 싶다는 심리가 깔려 있을 수 있습니다.

하지만 아무리 작은 액수라도 대접받은 사람에게는 부담스러움이 남게 됩니다. 어떤 사람은 심지어 죄책감과 부끄러움까지 느낄 수도 있습니다. 그러니까 얻어먹었다고 좋아하는 사람만 있는 건 아니라는 얘기입니다.

특히 노후의 대인관계에서는 정확하게 나누어 각자 계산을 하는 것이 좋습니다. 지켜야 할 의리도 없고 서로 구속할 일도 없으니 돈거래도 없어야 비로소 지역사회에서의 대인관계가 수월해집니다.

사는 곳의 통·반장과 인사를 터놓자

은퇴 후에는 당연히 업무와 연관됐던 인간관계들이 서서히 없어집니다. 대신 이웃 사람들 또는 취미활동으로 알게 된 사람들과의 관계가 돈독해지죠.

'혼자' 살게 됐다고 해서 그냥 혼자 살아가는 것은 아닙니다. 업무상 알았던 인간관계가 없어져 가는 지금, 특히 이웃 사람들과의 관계는 더욱 돈독해질 필요가 있다고 앞서 여러 차례 언급했습니다.

그러나 지금까지 교류가 없었던 이웃 사람들과 밀접한 관계까지 되려면 꽤 많은 시간이 필요합니다. 그러니 그사이에 혹시 일어날 일에 대비해 누군가 의지할 수 있는 사람이 필요하겠죠?

그럴 땐, 이웃에 살고 있는 민생위원*과 먼저 인사를 나누면 됩니다.

민생위원이란 민생위원법에 따라 시·정·촌(市·町·村)의 구역별로 배치되어 있는 민간 봉사자로 주민의 입장에서 상담과 필요한 지원을 해주는 믿음직한 존재입니다.

후생노동성에 따르면 민생위원은 후생노동 대신*이 위촉하며, 각자의 지역에서 항상 주민의 편에서 상담을 해주고 필요한 지원을 하는 등 지역사회를 위해 봉사하는 사람들입니다.

참고로 민생위원은 '아동위원'도 겸하고 있는데, 아동위원이란 지역의 어린이들이 건강하고 안심하며 살 수 있도록 돌보고 육아의 어려움과 임신기간 동안의 걱정거리 등을 상담해주고 지원하는 역할을 합니다.

그러니 지금 당장은 특별히 어려움이 없다 해도 '최근 혼자 살게 됐는데 잘 부탁드립니다'라며 민생위원과 인사를 해

두면 무슨 일이든지 신경을 써 주게 됩니다.

홀로 사는 시니어에게는 걱정해주는 사람이 한 명이라도 더 있는 것이 중요하니 유사시를 대비한 안전장치라고 생각하면 되겠습니다.

누구에게 베푸는 마음
맑은 정신에서 시작

그럼 어떤 사람들이 민생위원이 되는 걸까요?

한마디로 말하긴 어렵지만 다른 사람을 잘 보살피고 지역의 궂은일을 도맡아 해주는 사람들이 많은 것 같습니다. 민생위원이 되기 위해서는 지역주민회의 등에서 추천을 받아 시구정촌(市·区·町·村)에 설치된 민생위원 추천 회의에서 심사를 받아야 합니다.

사실 현재 민생위원에게도 고령화의 파도가 밀려와 전국적으로 결원이 증가하고 있는데요. '일본경제신문'에 따르면 2019년 12월 말 기준으로 전국 21만 8천 명의 정원 중 4.9%가 결원 상태라고 합니다. 즉 1만 명 이상이 결원 상태라는 것입니다.

그래서일까요, 일부 지자체에서는 민생위원을 돕는 '협력원'이라는 자원봉사자를 모집하고 있습니다.

혹시 관심이 있으면 이 자원봉사자부터 시작해 보는 것은 어떨까요? 봉사활동을 실천하면 하루하루를 더욱 충실하게 보낼 수 있습니다.

* 민생위원(民生委員) : 빈곤자에 대한 생활 보조 등을 보살피기 위하여 지방 자치 단체가 민간인에게 위촉한 직위

* 후생노동 대신 : 후생노동성 장관(우리의 보건복지부 장관)

제3장

지금 가진 돈으로 잘 지내자

제**3**장

지금 가진 **돈**으로 잘 지내자

돈이란 있는 만큼만 쓸 수 있으니까
쓸데없는 걱정을 해봐야 아무 소용이 없다

돈 걱정은 해봐야
아무 소용없다

    살아가는데 돈이 필요한 것은 두말할 필요도 없습니다. 수명은 계속 연장되고 그만큼 건강문제도 계속됩니다. 그러니 앞으로 돈은 점점 더 많이 필요해지겠죠. 그러니 현재 예금이나 적금이 얼마가 되던, 미래에 대한 불안감을 지울 수 없다는 것은 분명합니다.

    뿐만 아니라 TV, 잡지 등에서 '노후에 편안히 지내기 위해서는 1억 엔이 필요하다'는 믿을 수 없는 금액까지 거론되고 있으니 더욱 불안해질 수밖에 없습니다.

    그러나 일본 속담에 '없는 소매는 흔들 수 없다'는 말이

있듯이 돈이란 있는 만큼만 쓸 수 있으니까 쓸데없는 걱정을
해봐야 아무 소용이 없습니다.

사실 시니어 세대의 평균 저축액은 1억 엔과는 한참 거
리가 먼 1,563만 엔입니다. 이것도 일부 돈 많은 사람의 저
축액이 반영돼서 그나마 이 정도이지 사실 중앙값(저축액
을 많은 순에서 적은 순으로 세웠을 때 한가운데 위치하는
금액)을 보면 450만 엔에 불과합니다. 게다가 저축액이 전

혀 없는 세대도 전체의 약 1/5이나 됩니다. (금융홍보중앙위원회가 매년 1회 조사하는 '가계의 금융 행동에 관한 여론조사 2021년'에서 발췌)

그런데 우리가 몇 살까지 살 수 있을런지 아무도 알 수 없는데 '1년에 ○○만 엔 필요하니, ○○만 엔×△△년(남은 수명)이면? 하는 식의 계산'은 의미가 없습니다.

아무 의미도 없는 것을 붙잡고 걱정하는 건 당연히 부질없는 짓입니다. 걱정하면 할수록 몸과 마음에 악영향만 끼칠 뿐, 오히려 그 때문에 병원에 가야할 수도 있습니다. 그렇게 되면 돈은 점점 더 많이 필요해지고 불안감도 더욱 심해지겠죠?

그러니 더 큰 패배감의 소용돌이에 빠지기 전에 '돈 좀 없으면 어때!'라며 덤덤해질 필요가 있습니다.

경제적 불안과
마주하는 방법

이 문제를 다른 각도에서 좀더 살펴보겠습니다.

'고령자'가 되면 혼자 살든, 가족과 함께 살든 경제적 불안감은 한시도 떠나지 않습니다.

게다가 최근 TV, 잡지 등의 매체를 통해 '하류노인'이 엄청나게 많아졌다느니 '노후파산'에 대한 뉴스들이 시니어들의 불안감을 더욱 부채질하고 있는 모양새입니다.

불안이 지나치게 심해지면 '이제 틀렸어'라며 비관하고 우울증이 될 우려가 있습니다.

그렇지 않아도 노인성 우울증은 증가하는 추세인데 '하류노인' '노후파산' 같은 말들이 그 상승세에 박차를 가할 수도 있습니다.

그러나 이런 말 때문에 생긴 '비관'은 단순히 생각에만 그치는 경우가 대부분입니다. 은퇴할 때 걱정했던 10년, 20년 후의 일들이 실제로 일어날지는 아무도 알 수 없으니까요.

비관적이 되기 쉬운 사람이라면 '저축은 300만 엔밖에 없고, 연금도 1년에 100만 엔 될까 말까, 이래서는 살 수 없는데…'라고 생각해버립니다. 이처럼 비관적으로만 생각하게 되면 노인성 우울증이 발생할 수밖에 없습니다.

그럼, 노인성 우울증이 되지 않으려면 어떻게 해야 할까요? 앞으로 일어날 일들에 대해 너무 깊게 생각하지 않으면 됩니다.

다행인지 어쩐지 이제 막 시니어가 된 사람들은 그다지 의욕적이지도 않고 '적당히 생각'하는 게 딱 좋다고 느끼는 편입니다.

미래는 누구도 알 수 없습니다. 몇 살까지 살 수 있을지는 오르지 '신(神)만이 알 뿐'입니다.

후생노동성에 따르면 연금만으로 생활하는 고령자가 2019년 조사에서 약 절반(48.4%) 정도였는데, 2022년 9월 발표된 '2021년 국민생활 기초조사의 개황'을 보면 24.9%로 2년 만에 또다시 반으로 줄었습니다. 수치상으로는 '연금만으로 살 수 있는 사람들이 줄었다'기 보다는 '연금을 받는 동시에 일도 하는 사람들이 늘어난 결과'라고 보면 되겠습니다. 정부도 정년연장 등 70세까지 근로 활동을 장려하고 있기도 합니다.

또한, 예전에 비해 재취업 자리 구하기도 수월해졌습니다. 물론 현역 때보다는 임금수준이 훨씬 낮지만, 그래도 연금만 가지고 사는 것보다는 낫습니다. 이렇게 긍정적인 생각을 자꾸 익혀가다 보면 어느새 노인성 우울증은 나와 상관없는 것이 되어 있을 것 있습니다.

그러면 혼자서도 즐겁고 편안하게 노후를 잘 지낼 수 있겠죠.

분수에 맞게
돈을 쓰자

돈에 관한 사고방식과 사용 방법은 천차만별입니다.

TV, 잡지 등을 보면 호사스럽게 돈 쓰는 것을 자랑하는 사람이 있는가 하면, 오히려 돈이 없는 것을 자랑스럽게 말하는 사람도 있습니다.

특히 궁핍함을 자랑하듯이 말하는 것이 요즘 꽤 보편화 되어서 '우리 집은 매달 가계부가 마이너스라 이제 쓰기도 싫어' '가난한 사람은 아무리 쉴 새 없이 일해 봤자 조금도 살림이 나아지지 않는다'라는 말들을 종종 듣게 됩니다.

일본인은 기본적으로 자기 입장을 겸손하게 말하는 경우가 많아서, 표현이 과장되긴 해도 '땡전 한 푼 없어' '저축할 여력이 없어' '살림살이가 너무 힘들어' 등등 자신의 궁핍함을 호소한다고 해서 그다지 반발심을 불러일으키진 않습니다.

오히려 '나도 힘드네'라는 공감을 얻을 수 있을지도 모르겠습니다. 과장이 지나치지만 않다면 받아들여지지 않을까 싶습니다.

문제는 분수에 맞지 않게 돈을 쓰는 사람과 허세를 부리는 소비 형태입니다. 체면을 앞세우고, 유명인 같은 생활을 하며 잘난 체 하고픈 사람들이 많습니다.

실제로 고령자 중 인터넷에서 인기를 끌 목적으로 SNS에 지나치게 화려한 사진과 동영상을 업로드 시키고 있는 사람들도 적지 않습니다.

잡지나 인터넷상에서 화제가 된 가게의 한정 상품을 남들보다 먼저 구입하고 후배, 동료들에게 화끈하게 식사를 한턱내면서, 작은 우월감을 즐기는 것은 때로 괜찮습니다만, 그러나 '남들이 어떻게 봐줄까?'만을 생각하며 돈을 쓰는 것은 그다지 공감할 수 없습니다.

특히 어느 정도의 나이가 되면 유행이나 가격과 무관하게 자기 나름의 계획성과 자신감을 가지고 구매하는 것이 좋겠습니다.

'평소에는 검소한 생활을 하지만 차나 커피는 좋은 것을 마시고 싶다.'

'입는데 돈은 그다지 쓰지 않지만, 신발만은 질이 좋아야 한다.'

등등 자신의 감성을 살린 소비행위는 허세를 부리는 것과는 다릅니다. 오히려 돈의 사용 방법에 포인트를 주며 검약과 즐김을 적절히 조절하는 것이 현명한 '생활의 기술'이라고 하겠습니다.

가령 세일할 때 구입한 스카프라도 센스 있게 코디만 잘하면 몇십만 원씩 하는 명품을 사는 것보다 훨씬 멋지게 보일 수 있습니다.

옷 잘 입는 방법과 센스를 잘 연마하면 싼 물건이라도 '좋은 제품'으로 보여질 수가 있으니 생활 속에 새로운 즐거움이 됩니다.

자식들에게 돈을 남겨줄 필요? : 없다!

'지옥의 심판도 돈만 있으면 유리하게 할 수 있다'는 속담이 있습니다.

이는 일반적으로는 '염라대왕의 재판도 돈의 힘으로 바꿀 수 있다'는 의미로 알고 있지만 사실은 그게 아니라, '어느 마을의 어르신이 돌아가셨는데 원래라면 지옥에 가야 할 사람이지만 죽기 직전에 모든 재산을 마을 사람들에게 나눠주는 바람에 천국에 갈 수 있었다'라는 옛이야기에서 유래된 말입니다.

또한 '아무리 돈이 많아도 천국에 갈 수 있다고 장담할 수 없다. 천국에 가고 싶다면 살아있는 동안 돈을 좋은 곳에 써야 한다'라는 의미도 있습니다.

어느 것이 맞는 것인지, 알 수 없지만 적어도 시니어들은 후자의 의미를 잘 새겨들어야 할듯 싶습니다.

돈이 남아돈다면 자선단체에 기부하고…라고까지는 아니더라도 저세상에까지 돈을 들고 갈 수는 없으니 살아있는 동안 의미 있게 다 쓰고 가는 것이 좋겠습니다.

가끔 소박한 생활을 하던 고령자가 죽고 난 뒤 집에서 깜짝 놀랄 정도의 거금과 고가의 미술품이 발견되었다는 뉴스를 접할 때가 있습니다.

본인이 특별히 좋아서 검소한 생활을 했다면 그건 그것대로 만족스러운 인생이었는지 모르겠으나 재산을 쌓아놓고 그것을 지키는 데만 급급하다 보니 어쩔 수 없이 궁핍한 생활을 했다면 그 사람의 인생은 충분히 만족스러웠다고 말할 수는 없겠습니다.

제 주변에도 비슷한 이야기가 있습니다. 후배 의사로부터 들은 이야기입니다.

그의 장인은 먼 곳에 살고 있어서 그다지 교류가 많지는 않았지만 검소한 분이었다고 합니다. 항상 다 닳고 해진 옷만 입고 있어서, 검소하다기보다 오히려 가난하다고 해야 할 정도였습니다.

'제가 몇 번이나 "도와 드릴까요?"라고 했지만 받아들이시지 않으셨습니다. 왜 그럴까? 저렇게 고집 피우지 않으셔도 되는데…라고 생각했는데, 그 이유는 장인이 돌아가시고 난 뒤에야 알게 되었습니다.'

돈 앞에는
혈육의 사랑도 없다

외동딸인 그의 아내가 부친이 사망하고 유품을 정리하던 중 1억 엔이 넘는 은행 예금이 있다는 것을 알게 되었다고 합니다.

'통장 옆에는 "딸에게"라는 장인의 메모가 있었는데요. 저도 그걸 보았지만 그건 유언으로서 효력이 있는 것이 아니었습니다. 결국, 현재 친척들 사이에 그 돈 때문에 다툼이 생겼고 아내가 매우 힘들어 하고 있는 중입니다.'

'자식을 위한 것'이라고 생각하며 남긴 돈이 사단이 나 혈육 간에 다툼을 불러일으키다니 정말 얄궂은 일입니다.

후배 의사가 전해준 사례에서도 알 수 있듯이, 본인이 아무리 '자식들을 위해서'라고 생각해 전기요금까지 아껴가며 인색하게 살아왔다고 해도 그 생각이 정작 자식들에게 전해진다고는 할 수 없습니다. 전해진다고 한들 그 자식들이 수월하게 유산을 받을 수 있다고 장담할 수도 없습니다.

오히려 자녀들은 부모가 살아생전에 최대한 인생을 즐겨 줄 것을 바라고 있는 것이 아닐까요?

'자식들을 위해'라는 기분은 이제 그만 버리고 자신의 돈과 시간을 가치 있게 다 쓰고 가는 것이 좋지 않을까 싶습니다. 그건 아들딸이 아니라 손자, 손녀라도 마찬가지입니다.

'진정한 절약'은
빈티나는 것이 아니다

절약이란 일반적으로 불필요한 낭비를 줄이고 아끼는 것, 즉 불필요한 지출을 삼가고 낭비하지 않는 것을 말합니다. 지인 중 홀로 살고 있는 시니어 한 분이 이런 말을 합니다.

'외출할 때는 전기 콘센트를 몽땅 뽑아버려, 그래야 전기료를 조금이라도 아낄 수 있으니까.'

또 다른 시니어(여성)는 이렇게 말합니다.

'우리 영감은 화장실 불은 늘 켜두고 TV도 보지도 않으면서 계속 켜둔다니까, 정말 힘들어 죽겠어. 좀 절약하는

마음을 가졌으면 좋겠는데……'

이처럼 평소 절약을 의식하는 것은 가계를 꾸려나가는 것뿐만 아니라 에너지 절약과 생태학적으로도 도움이 되니 아주 바람직하다고 하겠습니다.

다만 절약이란 살림살이가 힘들어서 하는 것이 아니라는 점을 알아야 합니다. 낭비를 없애고 줄여서 생활하기 위한 방법이긴 하지만 비참한 기분이 돼버리거나, 정신적으로 부담을 느끼게 되면 우선 절약에 대한 개념을 다시 정리해 볼 필요가 있습니다.

'절약'이란 말을 듣기만 해도 궁핍함을 느끼는 사람은 "절약=생활 수준이 떨어지는 것"이라고 생각하고 있기 때문입니다.

그러나 요즘은 '싼 게 비지떡'이라는 말이 통하지 않는 세상입니다.

'100엔숍'만 해도 질 좋은 상품을 얼마든지 구입할 수 있으니 생각하기에 따라서 생활의 질이 떨어지지 않고도 충분히 절약할 수 있습니다.

이렇게 인내심을 가지고 해야 하는 절약에는 부정적인 이미지가 없진 않지만 지금 내게 있는 것들에 감사하며 잘 지낼 수 있다면 긍정적인 측면이 더 크지 않을까 생각합니다.

'쓸데없는 낭비를 하지 않겠다'며 지갑을 닫기만 하는 것을 소극적인 절약이라고 한다면 '낭비하지 않고 소중히 쓰겠다'며 사물의 가치를 재평가하여 소중히 쓰는 것은 긍정적 사고(思考)에 의한 절약입니다.

즉 '생활 수준은 낮아도 생각 수준이 높은 것이 바로 절약'이라 하겠습니다. 정리하자면 단순히 경제적 효과만을 목적으로 하지 않고, 정신적 만족을 동시에 얻을 수 있는 것이 진정한 의미의 절약이 아닐까요?

예전의 유명 여배우 타카미네 히데코(高峰秀子) 씨는 55세 때 배우를 은퇴하며 '이제 인생의 문을 닫는다'고 생각해 그때까지 살고 있던 대저택을 헐고 작은 집으로 개조했습니다.

배우를 관두면 찾아오는 손님도 많지 않을 테니 큰집을 갖고 있어 봐야 무용지물이라 생각했던 것이죠.

수많은 고급 가구들과 손님 대접용 식기들도 모두 처분해버리고 부부가 사용할 2인용 식탁과 식기만으로 생활했습니다.

이렇게 살림 규모를 대폭 줄였더니 '정말 자유로워졌고 기분도 상쾌하다'고 합니다.

'자신의 생활에 맞게 살림 규모도 줄인다…….' 정말 이상적인 절약입니다. 여기서 궁핍함을 느끼는 사람은 아무도 없겠죠.

'절약하지 않고서는 누구도 부유해질 수 없고, 절약을 제대로 하는 사람 중에 가난한 사람은 없다.'

이는 18세기 영국의 시인이며 문학평론가인 사무엘 존슨의 말입니다.

타카미네 씨는 바로 이 말을 실천한 셈입니다.

'절약'과 '구두쇠'는
구체적으로 어떻게 다른가

자녀들이 성장해 독립하자 홀로 살기를 시작한 지인 중
한 분이 이런 푸념을 늘어놓습니다.

'모처럼 절약 생활에 눈 떴는데 애들이 싫어하네요.'

그의 말인즉슨, 남은 인생을 어떻게든 살려면 허리띠를
바짝 조이고 살 각오를 하지 않으면 안 된다고 생각해 가
능한 낭비하지 않고 살기 시작했다고 합니다.

그러자 집에 찾아온 자녀들이 '아빠 요즘 너무 구두쇠
처럼 사는 거 아냐?' '돈 없어요?'라고 핀잔주는 바람에 의
욕이 뚝 떨어져 버렸다고 합니다.

'도대체 얼마나 절약을 했길래?'라고 묻자, 화장실 휴지 한 번 쓰는 길이를 정했는데, 스스로 다짐하는 차원에서 '휴지는 한 번 쓸 때 세 칸만'이라고 써서 화장실 벽에 붙여 놓았고, 해가 떨어져 어두워지기 전에는 집안에 전기불도 안 켰다고 합니다.

물론 화장실 휴지를 낭비하는 것도, 필요 이상으로 전기를 쓰는 것도 자원의 낭비인 것은 맞습니다. 하지만, 이 분의 경우는 좀 지나쳤습니다. 너무 의욕이 지나쳐서 '구두쇠' 소리를 들어도 어쩔 수가 없을 듯합니다.

그럼 '절약'과 '인색함'은 뭐가 다른 걸까요?

사전을 찾아보면 절약은 낭비를 줄이고 검약하게 사는 것, 인색함은 금품을 필요 이상으로 아끼는 것이라고 되어 있습니다. 여기서 '필요 이상으로 아낀다'가 포인트입니다.

또한 '무엇을 위해 절약하는가?'라는 목적이 확실히 있는지 여부에도 차이가 있습니다.

아무런 계획도 없이 '무조건 돈 안 쓰기'가 목적이라면 그것은 '인색한 구두쇠'일 뿐입니다.

그러나 목적이 내 집 마련이라든지 자녀들의 대학 진학 준비 또는 고가의 살림 장만 등 꿈이나 목표를 위해 지출을 줄이는 것이라면 그것은 바람직한 절약입니다.

구두쇠들의 전형적인 특징은 다른 사람을 위해 돈 쓰는 것을 그렇게 아까워합니다. 가령 신세를 졌던 사람에 대한 감사 인사나 친구에게 하는 선물, 관혼상제에 필요한 비용 지출 등을 안 하는 것이 전형적인 행동입니다.

이처럼 사람들과의 소통을 위해 쓸 돈마저 아까워하면 주위 사람들에게 부정적 인상을 주고 대인관계에도 악영향을 미칠 수 있습니다.

그러나 절약 생활을 잘하는 사람은 돈의 사용에 포인트를 주며 주위 사람을 배려하는데 돈을 씁니다.

구두쇠들이 돈 쓰기가 너무 아까운 나머지 마음을 풍요롭게 하는데 필요한 돈마저 쓰기 싫어하고 자신에 대한 투자도 게을리해 본인 인생에 마이너스를 자초해 버리는 것과는 대조적입니다. 결국 구두쇠들은 자신을 발전시킬 기회마저 스스로 걷어차 버리는 것이죠.

그러니 무엇보다 스스로에게 만족감과 행복감을 줄 수 있는 곳에 돈을 쓰는 것이 중요합니다. 행복보다 돈이 더 중요하게 느껴지면 이미 구두쇠로 가는 길에 들어섰다고 보면 됩니다.

원래 돈이란 써야만 비로소 가치가 있는 것이지 돈을 쌓아두는 데만 흥미가 있어서는 안 됩니다.

특히 시니어의 경우 생계를 지켜야 한다며 열심히 저축만 하다 보면 점차 대인관계가 나빠질 수밖에 없는데 이는 반드시 피해야 하는 상황입니다.

왜냐하면, 시니어들에게 인간관계란 남은 인생의 삶의 퀄리티와 직결되어 있기 때문입니다. 돈이 아무리 있으면 뭐하나요? 구두쇠라고 주위에서 고립시켜 버리면 그 사람의 노후는 쓸쓸해질 수밖에 없습니다.

그렇게 되지 않기 위해서는 반드시 목표를 명확히 하고 절약을 시작해야 합니다. 그리고 절약의 최종 목표는 열심히 모은 돈을 잘 사용해서 행복해지는 것입니다.

지금 내가 가진 돈이면 충분하다고!

불교에서는 인간에게 크게 5가지의 욕심이 있다고 합니다.

- 식욕 : 맛있는 것을 많이 먹고 싶은 욕심
- 재물욕 : 돈을 많이 가지고 싶고 손해는 보고 싶지 않은 욕심
- 성욕 : 성적인 욕심
- 명예욕 : 사람들로부터 존경받고 능력을 인정받고 싶은 욕심
- 휴면욕 : 편한 것만 하고 싶으며 귀찮은 건 하기 싫어하는 욕심

이것이 불교에서 말하는 '오욕(五欲)'입니다. 5가지 모두 인간에게 다 있긴 하지만, 그중에서 유독 재물욕은 그 끝이 없습니다.

어느 설문 조사에서 '당신은 1년 수입이 얼마가 돼야 안심하나요?'라는 질문에 많은 사람이 현재 수입의 '배'라고 응답했다고 합니다. 그러니까 연 수입 300만 엔인 사람은 600만 엔을 벌고 싶고, 1000만 엔인 사람은 2000만 엔이 돼야 안심할 수 있다는 얘기입니다.

재물욕에 대한 불교의 가르침 한 가지를 말씀드리겠습니다.

일본의 대표적 사찰인 교토 료안지(龍安寺)에는 불교의 가르침을 상징하는 '치소쿠노 츠쿠바이(知足の蹲踞)' 즉, '만족을 알게 하는 물그릇'이라는 것이 있습니다. 츠쿠바이란 차(茶)를 마시는 방 바로 앞에 놓여 있는 손 씻는 물을 떠 놓은 그릇인데 초대받은 손님은 여기서 손과 입을 깨끗이 한 다음에 차를 마시러 들어가야 합니다. 이 그릇의 중앙에는 사각형 모양으로 움푹 파여 있는 곳이 있어서 바로 거기에 물이 담겨져 있는데요.

그리고 그 사각형에 담긴 물을 에워싸듯이 시계 방향으로 4개의 한자 즉, '오(五)' '추(隹)' '필(疋)' '시(矢)'가 적혀있습니다. 가운데 물이 담긴 사각형을 한자 구(口)자로 보면 '오(吾)유(唯)지(知)족(足)'라고 읽을 수 있습니다.

이는 '분수를 알고 지나치게 욕심을 부리지 않는다'는 의미입니다. 좀더 넓은 의미로 해석하면 '분수에 맞는 삶

의 방식을 받아들일 것, 즉 욕심을 내서 능력 이상의 일을 하려고 애쓰지 말 것, 이것이 인간에게 가장 중요하다'는 의미로 생각할 수 있겠습니다. 바로 이 '족(足)함을 안다'는 정신은 불교 가르침의 진수라고 해도 과언이 아닙니다.

석가모니는 '족함을 아는 자는 가난할지언정 마음이 풍요롭지만 아무리 재물이 많아도 욕심이 많으면, 그 사람은 가난하다'라고 했습니다.

나이가 들고 나서도 재물욕이 해가 갈수록 강해지고 거기에 휘둘림을 당하면 결코 마음이 평온해질 수 없습니다. 지금 가지고 있는 것에 대해 '부족하지만 참자'라기 보다는 '이것만 해도 충분해'라고 생각을 바꿀 수 있다면 마음의 평온은 저절로 찾아오지 않을까요?

노후에 혼자 사는 생활의 풍요로움은 연금 액수나 재산의 많고 적음이 아니라 마음먹기 하나에 달려 있다 하겠습니다.

자식들에게 남겨줄 것은
돈이 아니라 일휴 스님의 유언

　이 장(章)을 시작할 때, 자녀들과 손자에게 유산을 남겨
줄 필요가 없다고 말했습니다만 '정말 아무것도 남길 필요
가 없다'는 얘기는 아닙니다. 손자에게 남겨주는 것을 유
산이라고 한다면, 제가 남기고 싶은 유산은 '일휴(一休) 스
님의 유언'입니다.

　일휴 스님이라 하면 재치가 뛰어난 것으로 잘 알려져
있어 애니메이션으로까지 만들어지기도 했는데요. 특히
어린 아이들에게 인기가 많습니다. 실존 인물이기도 한 일
휴 스님은 약 6백 년 전 무로마치 시대에 임제종(臨済宗)

의 스님으로 고코마쓰 천황의 사생아라는 설(說)이 유력한데 만일 그것이 사실이라면 상류층 출신답게 남긴 유산 규모도 어마어마할 것입니다.

천황의 핏줄을 이어받은 일휴 스님은 이미 태어나기 전부터 정쟁에 휘말렸고 6세 때 교토에 있는 안국사(臨濟宗 安国寺)에 맡겨지며 출가하게 되었습니다.

일휴 스님은 성장하면서 남달리 재기발랄한 모습들을 보여주었는데, '병풍 속의 호랑이를 잡을 테니 자! 쫓아내 주시게' 같은 일화들이 8~10세 때의 실화로 전해지고 있습니다.

선승(禪僧)으로서 이름이 높았지만, 당시 엄격히 금지되었던 육식을 하고 여자를 가까이하는 등 수많은 기행이 전해지고 있는데, 이는 권위와 계율의 형식화를 비판하고 풍자함으로써 '불교의 본 모습으로 돌아가라'며 경종을 울린 것이라는 평가를 받고 있습니다.

신분은 높았지만 어릴 때부터 이유 없는 박해에 시달린

탓인지 일휴 스님은 오랜 세월 권력과는 거리를 두고 가난하게 살아왔습니다.

그런데 80세 노승이 되었을 때 전쟁으로 불타버린 대덕사(大德寺) 복구를 위해 당시 천황이 일휴 스님을 대덕사 주지로 임명하자 스님은 모든 것을 내려놓고 주지 자리에 오르게 됩니다.

그리고 88세에 돌아가시게 되는데 당시 평균수명의 2배 가까이나 장수하였음에도 '죽기 싫다'고 했다던가요? 아니 부처의 길을 끝까지 정진해야 할 스님께서 '미련'이라니! 있을 수 없는 일이라고 생각되지만, 깨달음을 터득하면서도 인간성을 잃지 않았던 일휴 스님다운 심정의 토로였지 않을까 생각됩니다.

마침내 다가온 죽음의 시간, 스님은 제자들을 불러다 놓고 '정말 어려운 일이 생기면 이것을 열어 보거라'며 서류봉투 하나를 전해주고는 평안하게 저승길 먼 여행을 떠났습니다.

천황의 가문으로부터 받은 광대한 토지문서일까? 아

니면 상인들로부터 받은 막대한 부의 예치증서일까? 혹시 그런 것들이 줄줄이 적혀 있는 재물 목록일까? 기대는 점점 커져갔습니다. 하지만 제자들은 일휴 스님의 유언을 지키기 위해 어지간한 난관과 어려움에 부딪치더라도 유서를 열려고도 안 했습니다.

그런데 수년 뒤 사찰에 심각한 문제가 발생했습니다. 사방팔방이 막힐 지경이 되자, 제자들은 마침내 스승의 유산으로 해결할 수밖에 없다는 결의를 하게 됩니다. 다 같이 모인 자리에서 서로 봉투를 열자…….

'걱정하지 마라. 어떻게든 될 거다.'

거기에는 토지 목록서도 막대한 재물 예치증서도 없었고, 생전에 일휴 스님이 직접 쓴 글귀 하나만 달랑 적혀 있었습니다.

그것뿐이었습니다.

그런데 생각하면 생각할수록, 이 말보다 더 나은 유산은 없지 않을까요? 어떠한 막다른 지경에 이를지라도, '인생

이제 끝이다'고 생각해서는 안 됩니다.

인생은 반드시 그 이후 또 그 이후에도 계속되며 어떻게든 되어 갑니다. 일휴 스님 역시 후세에 전하고 싶었던 것은 사방팔방이 막히면 막힐수록 마음을 편히 하고 문제해결을 해나가야 한다는 '활기찬 낙관주의' 정신이 아닐까 생각합니다.

'걱정하지 마라. 어떻게든 될 거다'는 가르침은 어떤 막대한 재물과도 비교할 수 없을 정도의 고귀한 가치를 담은 유산이라 하겠습니다.

제4장

습관을 바꾸면 뇌와 심신이 건강해진다

제4장

습관을 바꾸면 뇌와 심신이 건강해진다

왜 이렇게까지 일기 쓰는 것을 권하고 있는가 하면 그날 무슨 일이 있었는지
되돌아 생각해보는 것이 뇌에 매우 중요하기 때문

매일 일찍 일어나면 뇌 건강에 좋다

옛날부터 아침에 뜨는 해는 신성한 힘이 있다고 여겨졌습니다. 후지산, 스리랑카의 아담스피크, 중국의 형산(衡山) 등에서 떠오르는 햇빛을 경배하는 풍습이 있는 것도 다 그 때문입니다.

'아침 햇빛을 받는 것이 무슨 의미가 있나?'고도 하지만, 최근 실제로 뇌에 효과가 있다는 것이 입증되고 있습니다.

그 이유를 설명하기 전에 우선 '체내시계(體內時計)'에 대한 이야기를 해보겠습니다.

우리 몸속에는 '체내시계'라는 것이 있는데, 눈 바로 뒤쪽의 시교차상핵이라는 부분에 위치합니다. 우리가 알고 있는 하루는 24시간이지만, 체내시계의 주기는 왜 그런지 25시간에 맞춰져 있습니다.

이 1시간의 차이를 정정해주는 것이 바로 아침 햇빛입니다. 아침에 눈부신 햇빛을 받으면 시교차상핵에 빛이 도달하고 그 자극으로 체내시계는 리셋(Reset)되어 새로운 하루의 리듬을 만들어나가기 시작합니다.

일찍 일어나야
하루를 충분히 사용한다

그럼 아침 햇빛을 받지 않는 생활을 계속하면 어떻게 될까요?

아침 햇빛을 받지 않으면 우리 몸은 체내시계에만 지배되기 때문에 하루에 1시간씩 길어지면서 12일째에는 주야가 바뀌게 됩니다.

이것이 뇌에 어떤 영향을 미치는지는 장거리 비행갈 때

겪는 시차 적응 과정을 생각하면 알 수 있습니다. 자고 일어났는데도 머리가 멍하고 여차하면 자기도 모르는 사이 졸고 있는, 이런 현상이 해외여행을 한 것도 아닌데 일어납니다.

그런데 혼자 살다 보면 이것을 고칠 수 있는 기회가 좀처럼 찾아오지 않습니다. 몇 시에 일어나든 아무도 잔소리할 사람이 없기 때문입니다. 그러다 보니 단순히 수면 부족이라 여기고 '내일 느지막하게 일어나면 괜찮겠지'라고 생각해버리는데, 사실은 이미 한 시간의 시차가 생긴 상태입니다.

과학적으로 증명된 아침 햇빛의 중요성

이것이 두세 차례 계속 이어지면 확실히 뇌 기능이 나빠지게 됩니다. 수면 부족으로 머리가 잘 돌아가지 않는 것보다도 체내시계의 시차 발생이 우리 뇌에 훨씬 더 악영향을 끼친다는 점을 기억해 두시기 바랍니다.

한편 일본대학 약학부의 신바시게키(棒葉繁紅) 교수의 연구에 따르면 아침 햇빛을 받지 않으면 살이 찌기 쉽다고 하는데요.

사람의 세포 속에 있는 BMAL1이라는 단백질은 지방을 축적시키는 성질이 있는데, 이 기능을 리셋(Reset) 시키는 것이 바로 아침 햇빛이라고 합니다. 즉 아침에 햇빛을 받지 않으면 BMAL1이 지방 축적을 계속하게 됩니다.

비만 체형이 되면 학습, 기억, 감정 등을 처리하는데, 중요한 조직인 해마(海馬)의 기능이 나빠질 수도 있습니다.

그러니 뇌 건강을 위해서라도 아침 일찍 일어나 햇빛을 받는 습관을 들이도록 합시다.

나이들면
아침잠이 없는 이유

정신과를 찾아오는 많은 환자가 '잠을 못 잔다' '한밤중에 자다 깨버린다' 등 수면에 관한 고민을 가지고 있습니다. 이들 중에는 마음의 병과 관련된 경우도 있긴 하지만, 대부분은 걱정할 필요가 없는 케이스들입니다.

그리고 고령이 되면 수면 패턴이 이전과 달라지는데 그 변화에 불안을 느끼는 사람들이 있습니다. 이것도 대부분 걱정할 필요가 없는 것들입니다.

고령에 찾아오는 가장 큰 변화 중 하나가 젊을 때는 아침 일찍 일어나기가 그렇게 싫었는데, 이제는 아주 숙달될 정도가 됐다는 점입니다.

이는 나이가 들면서 체내시계가 변화하고 혈당, 체온, 호르몬 분비 등 수면 관련 생체 기능 리듬이 앞당겨지기 때문에 일어나는 현상입니다.

아침에 일찍 일어나니 당연히 저녁에 일찍 자게 됩니다. 그러니까 일찍 자고 일찍 일어나기만 하면 괜찮다는 얘기입니다. '일찍 자고 일찍 일어나는 것'은 노화 현상에 의한 아주 자연스러운 수면 패턴입니다. 고령자에게 맞는 수면 방법이므로 신경 쓸 필요가 없습니다.

잠이 없다가 아닌
일찍 자고 일찍 일어난다

나이가 들면서 겪는 변화가 또 하나 있습니다. 바로 한밤중에 자다가 쉽게 깨는 현상입니다.

작은 소리에도 깨 버리고·화장실 가느라 깨 버리고·목이 말라 깨 버리고……. 하지만 대부분 자연스러운 현상이니 걱정할 필요 없습니다.

그런데 밤에 자고 있는 동안 계속 같은 깊이로 자다가 일정 시간이 지나면 점차 수면이 얕아져 결국 잠에서 깨어난다고 오해하는 사람들이 많습니다. 하지만 실제로는 수면 리듬이란 것이 있어서 '얕은 수면'과 '깊은 수면'을 번갈아 반복합니다.

얕은 수면을 '렘(REM)수면*'이라고 하는데, 잠자고 있는 동안에도 눈꺼풀 아래 안구가 움직이고 있습니다. 즉 몸은 쉬고 있지만 뇌는 활동 중인 수면입니다. 깊은 수면은 '논렘(NON REM)수면'이라고 하는데, 안구가 움직이지 않고 뇌도 대부분의 활동을 중단하고 쉬고 있는 상태를 말합니다.

젊을 때는 일반적으로 잠이 들 때 먼저 논렘수면으로 시작해서 1~2시간 후, 렘수면으로 옮겨갑니다. 이후에는 논렘수면과 렘수면이 번갈아 나타나게 되는데, 하룻밤에 4~5회 정도 반복하고 나서 이윽고 잠에서 깨어납니다.

그런데 나이가 많아지면 논렘수면의 빈도가 대폭 줄어들고 얕은 렘수면과 약간 깊은 렘수면이 20~30분 간격으로 반복되면서 밤새도록 수면의 깊이가 얕은 상태가 돼버립니다.

즉, 한밤중에 잠이 깬다든지 아침 일찍 일어나는 것은 자연스러운 현상입니다. 아주 문제 있는 경우를 제외하고는 걱정할 필요도 없고 수면유도제를 복용할 필요도 없습니다.

* 렘(REM)수면 : Rapid Eye Movement. 수면 중 안구가 움직이고 있는 것을 약 70년 전 발견되어 이름이 붙어졌고 렘수면 중에는 꿈을 많이 꾸고 대뇌가 활발하게 활동한다.

아침에 갑자기 일어나는 것은 좋지 않다

이 장(章)을 시작할 때 아침 일찍 일어나는 것이 중요하다고 했습니다만 이때 주의해야 할 것은 '아침 일찍 일어나기'와 '갑자기 일어나기'는 비슷하긴 해도 다르다는 점입니다.

그럼 둘은 구체적으로 어떻게 다른 걸까요?

'갑자기 일어나기'란 잠에서 깨면 갑자기 일어나서 바로 움직이기 시작하는 것을 말합니다. 자동차에 비유하면 엔진이 아직 차가운 상태에서 전속력으로 고속도로를 달려나가는 것과 같습니다. 자동차 엔진은 충분히 열이 올라 엔진 구석구석까지 오일이 닿아야 본래의 성능을 발휘할 수 있도록 설계되어 있습니다. 그런데 차가운 상태에서 갑자기 전속력을 내려고 하면 반드시 어딘가 잘못되어 고장 나기 쉽습니다.

뇌도 만찬가지입니다. 막 깨어난 뇌에는 산소도 영양도 부족한 상태이죠. 그런 상태에서 갑자기 움직이기 시작하면 뇌는 준비 부족인 채 전력(全力)으로 가동하게 되어 문제가 발생하게 됩니다. 그래서 뇌를 전력 가동하기 전에는 다음과 같은 준비 운동을 해서 혈액 순환을 도와주도록 해야 합니다. (164~165페이지 그림 참조)

①바로 누운 자세로 팔을 가볍게 뻗고, 10회 정도 손목에서 손끝까지 흔들어 줍니다.

②누운 자세로 천천히 무릎을 세우고, 그 상태에서 천천히 무릎을 크게 회전시킵니다. 좌우 10회씩, 이 운동은 요통 예방에도 효과가 있습니다.

③서서히 일어나며 두손 두발로 엎드린 자세를 취하면

서 손발을 바닥면에 직각으로 세우고 시선은 전방 약간 위쪽을 향하도록 해서 숨을 크게 들이마시면서 가슴을 앞으로 내밀듯이 하여 등이 뒤로 젖혀지도록 합니다.

④그 상태에서 숨을 내쉬면서 고개를 아래로 하고 자신의 배꼽을 보면서 등을 둥글게 만듭니다.

⑤③으로 돌아가서 ④와 번갈아 수차례 반복합니다.

⑥손과 발을 뻗은 채로 등을 쭉 펴고, 심호흡하며 고개를 천천히 좌우로 크게 흔들어 줍니다. 자신의 엉덩이를 들여다보듯이 합니다.

⑦두 손과 두 발을 바닥에 직각으로 한 자세에서 가능한 자세를 낮춰 전신의 힘을 빼고 10초 정도 그 자세를 유지합니다.

이 준비 운동을 하면 혈액 순환이 잘 돼서 뇌에 충분한 산소를 보낼 수 있습니다. 침대나 이불에서 나오는 것은 이 체조를 마치고 나서 해야 합니다. 시간이 없을 때라도 '갑자기 일어나기'는 하지 말고, 최소한 ①과 ②는 하도록 합시다.

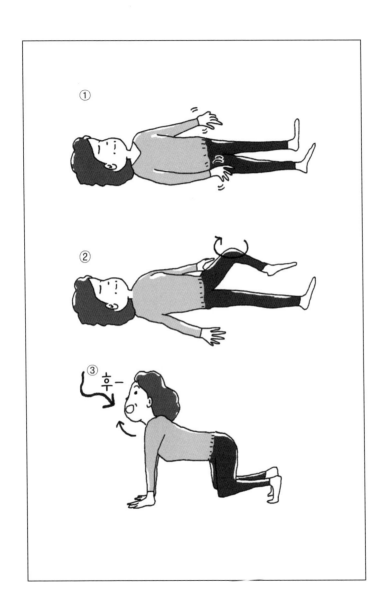

아침 목욕은
뇌를 활성화시킨다

여러분은 언제 목욕을 하시나요? 아마 자기 전에 하는 분들이 많지 않을까 싶습니다. 그 습관은 그대로 유지해도 괜찮습니다만 뇌를 활성화시키기 위해서는 아침 목욕을 권합니다.

아침에는 체온이 낮고 혈액 흐름도 느리니, 이 상태로 는 뇌가 활발하게 제 기능을 다할 수 없습니다. 그래서 아 침에 일어나 목욕물에 들어가서 뇌가 활성화될 때까지 체 온을 올려줍니다.

다만 아무리 체온을 올려주기 위한 것이라 해도, 너무 뜨거운 물에서 목욕을 해서는 안 됩니다. 특히 추운 겨울에는 열 쇼크—차가운 곳에서 뜨거운 목욕물에 갑자기 들어갈 경우, 신체에 악영향을 줘서 혈압과 맥박이 크게 변해 뇌경색과 뇌출혈의 원인이 됨—의 위험도 있으니 목욕물 온도는 평소보다 덜 뜨거운 것이 좋겠습니다. 그리고 처음 2~3분 동안은 허리까지만 담그고 차츰 전신을 담그도록 합니다.

이렇게 느긋하게 목욕을 하면 전신의 혈류 흐름이 좋아지고 뇌에 많은 산소와 에너지가 공급됩니다.

하루의 시작을
목욕이나 샤워로…

아침에 바로 일어났을 때의 뇌는 거의 영양실조 상태이지만 에너지를 충전하면 단숨에 활성화될 수 있습니다. 거기다 입욕제 등을 쓰면 몸과 마음을 완화시켜 주는 효과도 있습니다.

'아무리 퇴직해서 혼자 살고 있지만, 아침부터 목욕은 좀 그런데…'라고 생각하시는 분들은 샤워를 하시면 됩니다. 이때 역시 샤워물 온도가 너무 뜨겁지 않도록 해서 천천히 하시면 됩니다.

하지만 아침부터 정신을 차려보겠다고 찬물 사워를 해버리면 체온이 떨어져 역효과가 나는 것은 물론 심장에도 좋지 않으니 가급적 삼가하시는 것이 좋겠습니다.

내게 적당한
낮잠 시간은?

정년퇴직 후 온종일 빈둥거리며 지내는 사람이 이런 말을 합니다.

"TV를 보다가 어느새 꾸벅꾸벅 졸고 있고, 정말 기분 좋습니다. 회사를 그만두니 이런 즐거움이 다 있네요."

낮잠을 자면 기분이 좋습니다. 따뜻한 햇볕을 받고 있으면 어느샌가 꾸벅꾸벅 졸게 됩니다. 누구나 다 해보셨겠죠?

낮잠이 몸과 마음에 좋다는 것은 과학적으로도 입증되어

있습니다.

미국의 심리학자 사라 메독 박사는 여러 가지 실험을 통해 '낮잠은 주의력, 판단력, 운동 능력을 높여주고 스트레스도 덜 받게 되며 기억력도 좋아진다'는 결과를 보고한 바 있습니다.

또한 '매일 60분 이하의 낮잠은 알츠하이머형(型) 치매 발생 위험을 10분의 1 이하로 줄일 수 있다'는 학설도 있습니다.

그러나 낮잠 자는 시간이 지나치게 길면 오히려 역효과가 나타납니다. 습관적으로 낮잠을 1시간 이상 자는 시니어의 경우 알츠하이머형(型) 치매 발생 위험이 4배나 증가한다는 연구보고도 있습니다.

낮잠 시간이 길어지면 우리 몸은 본격적인 수면 사이클로 들어가 버려 밤에 잠을 못 자거나 수면의 깊이가 얕아지는 등 수면의 질이 현저히 저하됩니다.

그래서 낮잠은 '양날의 칼'인 셈입니다. 아무튼 낮잠을 지나치게 오래 자지 않도록 주의해야겠습니다.

뇌 건강에 좋은
TV 퀴즈 프로그램

퀴즈 프로그램은 아주 인기가 많습니다.

초등학교 때 배운 문제부터 전문가 수준의 문제까지 매우 다양합니다.

동경대학교 재학생, 고학력 연예인 등 퀴즈 프로그램 참가자도 매우 다양해서 가끔 보고 있으면 꽤 재미가 있습니다.

정확하게 집계한 것은 아니지만 1주일간의 TV 방송 중 퀴즈 프로그램은 대충 10개가 넘습니다.

사실 퀴즈를 푸는 것은 뇌를 활성화시키는 데도 도움이 됩니다. 그러니 멍하게 쳐다보고만 있기에는 시간이 아깝습니다. 각자가 방송에 출연한 기분으로 함께 풀어 보시기 바랍니다.

이때 정답을 종이에 쓰거나 소리를 외치며 정답을 말해 봅시다.

단순히 생각만 해도 뇌를 자극하는데 소리까지 내면 자신의 목소리가 귀를 통해 뇌에 전달되니 뇌의 자극이 배가 될 수 있습니다.

다른 사람과 함께 시청할 때는 '내가 말한 답이 틀리면 창피한데'라고 생각해 주저할 수도 있지만, 혼자라면 그렇게 생각할 필요가 전혀 없으니 신경 쓰지 말고 정답을 크게 외쳐봅시다.

내가 마치 출연자라도 된 듯이 말이죠. 만일 내 답이 틀렸다면 아쉬워하고 맞으면 즐거워하면 됩니다. 이런 감정의 기복이 뇌를 아주 활기차게 만들어 줍니다.

'거시기'는
절대 사용 금지

일본말에 코소아도(こそあど)라는 말이 있습니다. '이 것(코레)' '그것(소레)' '저것(아레)' '어떤 것(도레)'의 첫 글 자를 따서 부르는 말인데 문법상으로는 '지시대명사'들입 니다. 물건이나 장소 방향 등을 가리킬 때 고유명사 대신 쓸 수 있는 편리한 말이지만 너무 자주 쓰면 뇌가 게을러 집니다.

혹시 여러분들도 다음과 비슷한 대화를 해보지 않으셨 는지요?

"어젯밤 뉴스 봤어? 그 프로그램에서 하던 거 그거 말이야"

"아 그거 봤지 봤어. 그 사건 심하던데"

"심하더라고 그 사건 범인 말이야 이름이 뭐였더라? 아 그거"

"응 그래 그거였지 나도 알아 알고 있지 그거지 그거"

친한 사이라면 상대가 무슨 말을 하고 싶은지 어쨌든 알 수 있으니까, 이렇게 지시대명사만으로도 대화가 이루어지는 경우가 있습니다. 때로는 생각 안 난게 뭐였는지조차 잊어버리기도 하지만……. 그런데 그렇게 대화가 되는 것 자체가 뇌가 게을러졌다는 증거입니다.

뇌를 계속 건강하게 유지시키기 위해서는 '코소아도'(한국의 경우 거시기)를 최대한 쓰지 말아야 합니다.

'거시기 말이야'라고 말하고 싶더라도 꾹 참고 '거시기'가 뭐였는지 생각해내려는 노력을 해야 합니다. 친한 친구들에게는 미리 '내가 거시기라고 말하면 거시기가 뭔지 내가 정확히 확인해서 다시 말하도록 해줘'라고 부탁해둡니다.

이렇게 해두면 내가 '거시기'라고 말하는 경우, "거시기가 뭔데?"라고 물어오겠죠? 그런데 이때 '거시기 말이야! 거시기가 틀림없잖아'라고 되묻지 말고 '거시기'가 무엇을 가리키는지 잘 생각해 봅시다. 그러면 대화에 긴장감이 감돌며—비록 정신없는 얘기를 하고 있긴 하지만— 그래도 뇌에는 좋은 훈련이 됩니다.

바로 그때 '생각하는 힘'은 다 죽어가고 있던 뇌의 뉴론에 다시 한번 숨을 불러넣어 되살아나게 해 줍니다.

그러면 아무리 해도 생각나지 않을 때는 어떻게 해야 하나? 그럴 경우 사람들에게 물어보지 말고 1분 정도 인터넷 등을 이용해 스스로 알아보도록 합니다.

'일일이 귀찮은데'라고 생각할 수도 있지만, 이 '귀찮은 일'이 기억력을 강화시켜 줍니다.

하지만 인터넷 같은 것에 기대고 싶지 않다고 혼자서 그래 그렇지 하며 생각해내려고 나름 시간을 들여 애를 쓰다 보면 오히려 뇌에 스트레스가 될 수도 있으니 주의해야 합니다.

뇌는 70세가 넘어도
단련할 수 있다

'연습을 하루 쉬면 내 몸이 알고 이틀 쉬면 파트너가 알고 사흘 이상 쉬면 관객들이 알게 된다.'

이는 어느 유명한 발레리나가 한 말입니다. 아무리 재능이 뛰어난 발레리나라도 단 하루라도 연습을 안 하면 몸의 섬세함이 나빠진다는 말입니다.

이처럼 사용하지 않는 신체 부위의 움직임이 쇠퇴해버리는 것을 '폐용성 위축(廢用性萎縮)'이라고 합니다. 폐용성 위축이 발생하는 것은 특별히 스포츠 선수나 예술가들에게 한정된 것만은 아닙니다. 가령 다리 골절로 침대에 누워만 있거나 휠체어 생활을 계속하게 되면 골절이 치료된 후에도 제대로 걷지 못하게 됩니다.

이는 쓰지 않는 사이에 근육과 신경이 쇠퇴해 버렸기 때문에 일어나는 현상입니다.

그나마 근육량이 많은 젊은 사람이라면 재활 치료를 통해 예전과 같이 걸을 수 있게 되지만, 고령자의 경우는 재활 치료를 해도 걷기는커녕 그대로 병상에서 일어나지 못하게 되는 경우가 적지 않습니다.

머리를 쓴다는 것은
나의 건강을 저축

뇌에도 똑같은 일이 일어납니다.

뇌에는 뉴런이라는 신경세포가 있는데, 무수히 많은 네트워크를 형성하며 연결되어 있습니다. 뉴런은 학습 및 기억과 밀접한 관련이 있는데 앞에서 얘기한 다리 근육과 마찬가지로 사용 빈도가 줄어들면 쇠퇴해 버립니다.

뇌는 70대를 넘어서도 단련하는 것이 가능하지만, 사용하지 않으면 20대 30대라도 쇠퇴하기 시작합니다. 빈둥빈둥

TV나 스마트폰만 쳐다보며 스스로 생각하는 노력을 게을리하고 있으면 뇌는 순식간에 녹슬어 버리고 맙니다.

그러니 뇌도 평소에 훈련을 시켜야 합니다. 그렇다고 딱히 특별한 훈련이 필요한 것은 아니고 작은 것이라도 매일 게으름 피우지 않고 계속하기만 하면 됩니다.

중요한 것은 매일 매일 훈련을 반복하고 쌓아나가는 것입니다. 이를 위해서는 훈련이 너무 거창하거나 힘든 에너지를 필요로 하지 않는 것이 좋습니다. 그래야 오래 계속할 수 있으니까요.

그리고 또 한 가지 포인트는 훈련 자체가 재미있어야 한다는 점입니다. 재미있는 것을 하고 있을 때 뇌는 쾌락물질(快樂物質)을 분비하고 이것이 뇌의 활동을 더욱 활발하게 해 줍니다.

요컨대 간단하고 즐거운 훈련을 계속하는 것이 뇌를 녹슬지 않게 하는 가장 효과적인 방법인 셈입니다.

일기 쓰기가
뇌 훈련에 좋다니!

'일기는 내 안에 무슨 일이 일어나고 있는지를 나에게 확실히 알려준다.'

프랑스 철학자 장 폴 사르트르(Jean Paul Sartre) 의 말입니다.

물론 이 말을 몰랐다 해도 누구나 한번은 일기를 써 봤을 것입니다. 그러나 대부분 작심삼일로 끝나는 경우가 많습니다.

작심삼일이 돼버리는 것은 의욕이 너무 지나쳤던 것이 원인일 수도 있습니다.

혹시 그날 있었던 일들이나 느꼈던 점들을 하나도 빠짐없이 생각해내 상세하고 착실하게 쓰려고 한다든지, 마치 그날 할당된 일처럼 생각하게 된다면 당연히 계속하기 어렵습니다.

그럼 일기를 오랫동안 계속 쓸 수 있으려면 어떻게 해야 할까요?

정답은 한 줄이라도 좋으니까 그냥 쓰는 것입니다.

내용도 '근처 공원에 벚꽃이 피었다'든가 '점심에 먹은 카레가 맛있었다' 등등 뭐든지 괜찮습니다. 쓸거리가 정말

하나도 없는 하루라도 '오늘은 편안했다'라고 한마디만 쓰면 됩니다.

제가 왜 이렇게까지 일기 쓰는 것을 권하고 있는가 하면 그날 무슨 일이 있었는지 되돌아 생각해보는 것이 뇌에 매우 중요하기 때문입니다.

그날 있었던 일을 다시 생각할 때 뇌 속에서는 그게 언제 일어났지? 어디서? 어떤 상황이었더라? 그래서 어떤 느낌이었지? 어떤 말들을 주고받았지? 등등 여러 가지 [?]물음표가 나타나게 됩니다.

그러니까 기억과 감정을 되살리는 것인데, 이것이 뇌의 인지기능을 단련시키는 것으로 이어집니다. 그러니 '치매 예방법'이라고도 할 수 있겠죠.

걷는데 왜 뇌가 단련되지?

병원의 대기실에서 여성 두 명이 이렇게 대화하는 것을 들은 적이 있습니다.

"요즘 밖에 나가 걷기가 귀찮아졌어. 오늘은 병원에서 검사도 받아야 하고 약도 타가야 하니 할 수 없이 걸어오긴 했지만…"

"의사는 '천천히라도 걷는 것이 좋다'고 하던데 천천히 걸어봤자 운동이 되려나?"

"그러게 피곤하기만 하고 몸만 안 좋아진 것 같애"

아무래도 두 분은 '걷기'의 중요성을 제대로 이해하지 못하고 있는 듯합니다. 물론 고령자들 중에는 '이제 와서 몸을 단련해 봤자…'라고 생각하는 사람도 있을 것입니다. 그러나 건강수명을 생각하면 고령자에게도 운동은 반드시 필요합니다.

하버드대학의 연구에서는 '하루 40분 이상 계속 걷기를 하는 사람은 심근경색에 걸릴 위험이 40% 낮아진다'는 연구결과를 발표한 바 있습니다. 또한 '적당한 운동을 하는 사람은 알츠하이머형 치매가 되기 어렵다'는 연구결과도 있습니다.

이러한 사실들을 알든 모르든 헬스장에 다니며 런닝 머신, 자전거, 근육 운동기구 또는 실내 수영장 등에서 몸을 열심히 단련하고 있는 고령자들이 매우 많습니다.

반면 '운동이 좋은 거야 알고 있지만, 굳이 헬스장에 다니는 건 귀찮아'라고 말하는 사람들도 있습니다. 그런 분들에게 꼭 권해드리고 싶은 것이 바로 걷기입니다.

걷기는 몸에 부담이 갈 정도로 무리는 하지 말고 가볍

게 땀이 베일 정도로 걷는 것을 기준으로 하면 됩니다. 개인차는 있겠지만 2~3km를 30~40분에 걸으면, 심박수가 100 전후가 되는데 그 정도 운동량이면 충분합니다.

걷는 즐거움이란
계절을 마음으로 느끼는 것

그럼 걷기는 도대체 어떤 효과가 있는 걸까요?

우선 혈액 순환이 좋아집니다.

혈액은 심장에서 전신으로 보내지고 난 뒤, 장딴지 근육 수축에 의해 다시 심장으로 되돌아옵니다. 즉 걸으면 장딴지 근육이 수축하면서 자연적으로 혈류가 좋아지게 됩니다. 혈류가 좋아지면 당연히 혈전의 위험도 줄어듭니다.

다만 지금까지 엘리베이터나 에스컬레이터만 타고 계단을 이용하지 않았던 사람이 갑자기 걷기를 시작하는 것은 아무래도 불안하겠죠. 그런 사람이라면 준비 운동과 같은 가벼운 산책부터 시작해서 우선 걷기의 즐거움부터 느껴보시기 바랍니다.

산책을 하며 '걷는 즐거움'이 무엇인가, 그 자체가 아니라 주변 경치를 보며 자연의 소리를 듣는 것입니다. 그것만 해도 마음이 깨끗해지는 느낌이 들게 됩니다.

봄에는 매화꽃이 피고 벚나무가 꽃봉오리를 피우기 시작합니다. 나뭇잎들이 하루가 다르게 더욱 진한 초록빛을 보여주는 모습을 걸으면서 두 눈으로 직접 볼 수 있습니다. 가을이라면 단풍잎이 물들어가는 변화에 넋을 잃을지도 모릅니다.

계절마다 그런 새로운 발견을 하는 것, 이 또한 산책의 큰 즐거움입니다.

그리고 산책에 익숙해져 이제 본격적인 걷기를 시작하더라도 '무언가를 발견하려는 마음과 감동'은 계속 간직해주십시오. 몸을 움직이면서 마음까지 자극을 줄 수 있다면 뇌의 활성화로 이어질 수 있기 때문입니다.

걷기가 뇌 건강에
효과 있는 이유

산책과 걷기가 뇌에 좋다는 것은 앞에서 이해하셨으리라 보고 여기서는 그 이유에 대해 생각해보겠습니다.

DNA의 하나로 미토콘드리아 DNA라는 것이 있습니다. 이것은 어머니 쪽에서 자식에게 전해지는데, 특정 인물의 어머니, 할머니, 증조할머니… 등 여자 쪽 선조(先祖) 추적에 이용됩니다.

캘리포니아대학의 한 연구실에서 세계 각국 민족들의 미토콘드리아 DNA를 조사 추적했더니 모든 사람의 여자 쪽 선조가 아프리카의 어느 여성이었다는 것이 밝혀졌습니다.

즉 인류는 아프리카에서 시작해 전 세계로 퍼져 나갔다는 얘기입니다. 당연히 저 먼 옛날에야 비행기, 자동차 같은 이동수단은 없었으니 걷는 것뿐이었겠죠. 수만 킬로미터의 거리를 오로지 걸어서 이동한 것입니다.

이렇게 장시간·장거리를 걸었기 때문에 인간의 뇌가 발달할 수 있었다는 설(說)도 있습니다.

뇌와 걷기가 밀접한 관계가 있다는 것은 술에 취했을 때의 상태를 생각해 보면 알 수 있습니다. 취하게 되면 처음에는 발걸음이 흐트러지다가 갈지자걸음이 되고 좌우로 비틀비틀 걸으며 불안하게 걷게 됩니다. 이는 알코올의 작용으로 뇌 기능이 둔화되었기 때문에 일어나는 현상입니다.

또한, 미국의 크레이머(Kremer) 박사는 60~70세 남녀에게 매일 산책을 하게 하고 반년 후 뇌의 반응 속도를 조사했더니 산책을 하지 않는 같은 나이 남녀보다도 뇌의 반응 속도가 거의 50% 빨라졌다는 실험 결과를 발표하기도 했습니다.

우리는 무의식적으로 걷고 있지만 사실 걷기는 대단히 복잡한 운동입니다. 걸을 때는 똑바로 선 자세로 양발을 번갈아 앞으로 냅니다. 이때 앞으로 나간 발과 뒤에서 받쳐주는 발이 서로 강하게 또 균형 있게 움직여 주지 않으면 제대로 앞으로 나아갈 수 없습니다. 약간의 장애만 있어도 넘어지겠죠.

즉, 걷기를 한다는 것은 뇌를 단련하고 있다는 것과 같은 말입니다. 그러니 일상에서 걷는 시간을 늘릴 방법을 찾는 것이 좋겠습니다. 가령 버스를 타지 않고 걷기 또는 목적지 한 정거장 앞에 내려 걷기도 효과가 있습니다. 내일부터라도 당장 해보시기 바랍니다.

다만, 너무 지나치지 않도록 주의해야 하는데 지나친 운동은 오히려 면역력을 떨어뜨릴 위험이 있기 때문입니다. 도쿄건강장수의료센터 연구소의 노화제어 연구팀에 따르면 '걸으면 걸을수록 몸에 좋다는 것은 잘못된 믿음이다. 고령기가 되면 하루 8천 걸음과 20분 정도의 중강도의 운동을 함께 하는 것이 장수의 비결'이라고 합니다.

긴장을 풀어야
잘 잔다

'수면 부채(負債)'라는 말이 있습니다.

옛부터 전해 오는 말인데 매일매일 조금씩 수면 부족이 쌓이고 쌓여 몸과 마음에 이상을 초래할 정도의 수면 부족이 되는 상태를 말합니다.

조금씩 빌린 돈을 오랫동안 갚지 않고 있으면 정신 차렸을 땐 이미 엄청난 액수의 빚이 되어 있는 상황과 비슷한 점이 있어 '부채'라고 부릅니다.

OECD(경제협력개발기구)의 2021년 조사에서는 일본인 평균 수면 시간이 442분(7시간 22분)으로 OECD 30개 회원국 중 가장 짧았습니다.

사실 시니어들로부터 흔히 듣는 것이 '잠자리에 누워도 잠이 잘 오지 않는다'는 말입니다. 젊을 때야 머리를 베개에 갖다 대면 바로 잤지만, 지금은 잠이 들지 않아 밤늦게까지 괴로워하며 누워있어야 할 지경이라고 합니다.

'잠이 들지 않는다' '잘 수가 없다'는 사람들에게 저는 이렇게 조언합니다. 모두 긴장을 풀기 위한 방법들인데, 잠들기 위해서는 긴장·완화(Relax)가 가장 중요하기 때문입니다.

● 낮 시간에 걷기 등 가벼운 운동을 한다

장거리를 뛴다든지 힘든 운동을 열심히 할 필요가 없습니다. 느긋하게 산책만 해도 됩니다. 중요한 것은 '몸을 움직이는 것은 해 질 무렵까지만'이며, 그 후에는 편안한 시간을 가져야 합니다.

● 커피 또는 진한 차는 잠자기 3시간 전까지만

커피와 차에 들어있는 카페인은 각성 작용이 있습니다. 자기 전에 갈증이 난다면 여름에는 시원한 호지차*나 보리차, 겨울에는 따뜻한 우유가 좋습니다.

● 술 담배는 삼가해야

음주 흡연은 개인의 라이프 스타일의 일부여서 전면적인 금지를 하게 할 수는 없지만, 지나친 음주 흡연은 금물(禁物)입니다. 술을 마시더라도 다 마시고 난 뒤 세 시간 정도는 지나서 자도록 합니다.

● 잠잘 준비는 2시간 전부터

대부분 사람은 잠자리에 드는 시간이 대체로 정해져 있습니다. 그 2시간 정도 전에 방의 조명을 조금 낮춰줍니다. 밝기를 한 단계만 낮춰도 방 분위기가 안정되게 느껴집니다. TV 등 시각을 자극하는 영상도 피하는 것이 좋겠습니다.

● **따뜻한 물로 목욕하기**

자기 직전에 뜨거운 물로 목욕하면 기분을 너무 고조시켜 버리기 때문에 약간 따뜻한 물에 목욕한 뒤 30분 후에 잠자리에 드는 것이 좋겠습니다.

끝으로 잠들기를 방해하는 것에 대해 알아보겠습니다. 결론부터 말하면 '무리하게 자려고 하기 때문'입니다.

'자야겠다' 또는 '자야 하는데'라며 초조해하면 할수록 잠은 멀리 달아나 버립니다. 다시 말씀드리지만 중요한 것은 긴장·완화(Relax)입니다. 앞서 말한 내용을 참고하여 나만의 긴장·완화법을 만들어 봅시다.

* 호지차(ほうじ茶)는 차나무의 잎을 덖어서 만든 일본의 전통차이다. 일반적으로 엽차를 덖는 경우가 많다. 맛은 고소하고, 쓴맛이나 떫은맛은 거의 없다. 높은 온도에서 가열하므로 잎의 색이 녹색에서 붉은 갈색으로 변화한다. 현재의 제조법은 1920년대 일본 교토에서 확립된 것으로 알려졌다.

아침 식사를 먹어야 하는 이유

한때 바나나 다이어트가 큰 인기를 얻었던 적이 있습니다. 그 인기는 이제 식은듯하지만 그렇다고 바나나가 다이어트에 전혀 도움이 안 된다는 것은 아닙니다. 바나나에 대한 인기는 여전해 일본에서 판매되는 품종과 종류도 계속 늘어나고 있는 중입니다.

사실, 뇌를 생각한다면 바나나는 아침 식사에 딱 맞는 식품입니다.

최근의 연구에서 뇌가 풀(full) 가동되는 것은 식후 2시간 후부터라는 것이 밝혀지고 있습니다.

정년퇴직한 사람이라도 아침부터 뇌가 풀 가동할 수 있는 상태로 있는 것이 좋다는 것은 두말할 필요도 없습니다. 왜냐하면, 아침 일찍부터 위험한 투자를 권유한다든지 하는 사기 전화나 보이스 피싱 전화가 걸려오기 때문입니다. 그럴 때 판단력이 떨어지고 머릿속이 멍한 상태에서 대화를 계속했다간 나중에 돌이킬 수 없는 일이 초래되기 십상입니다.

하지만 어느 조사에 따르면 혼자 사는 남성 셋 중 둘은 아침 식사를 먹지 않는다고 합니다. 그 이유로 가장 많은 것이 '아침에 기운이 없어 일어날 수 없기 때문'이라고 합니다. (이 조사의 대상자에는 은퇴 이전 세대도 포함되어 있습니다.)

아침에 기운이 없는 사람은 혈중 포도당 농도와 체온이 낮은 경우가 많습니다. 이 때문에 뇌가 충분히 제 기능을 못하게 됩니다.

조금이라도 빨리 뇌를 활성화시키기 위해서는 당분과 양

질의 단백질을 섭취할 필요가 있습니다. 기왕이면 제대로 된 아침 식사를 하는 것이 좋겠지만, 그게 어려울 때 이용하는 것이 바로 바나나입니다.

바나나, 계란, 우유, 벌꿀을 적당량 믹서기에 넣고 쉐이크로 만들어 마시기만 하면 되니 편리하죠?

벌꿀은 체내에 들어오면 바로 포도당으로 변한 뒤 글리코겐이 돼서 뇌의 영양원으로 역할합니다. 또한 바나나에 포함된 과당도 글리코겐으로 쉽게 바뀌기 때문에 뇌에는 매우 좋은 영양 드링크라고 하겠습니다.

또한 변비 예방에도 아침 식사는 중요합니다. 사람의 몸은 체내에 음식이 들어오면 장운동이 활발해지고 변의(便意)가 생기게 됩니다. 이를 위장반사(胃腸反射)라고 하는데, 이 위장반사는 아침 식사 후에 가장 강하게 일어난다고 알려져 있습니다. 매일 아침 식사를 하면 변비도 예방할 수 있습니다.

맛있게 먹으면
뇌가 건강해진다

사람 신체 중에서 가장 섬세한 감각을 가지고 있는 기관은 바로 '손'입니다. 이어서 입술과 혀의 순인데, 몸통과 다리는 다른 기관에 비해 감각이 둔한 편입니다. 즉 손과 입술 그리고 혀를 자극하면 뇌를 아주 효율적으로 활성화시킬 수 있습니다.

그럼 손과 손가락 그리고 입술과 혀를 빨리 자극하는 방법은 무엇일까요? 사실은 우리들 가까운 주변에 그것도 모두가 아주 좋아하는 방법이 있습니다. 바로 맛있는 음식

먹기입니다.

포크와 나이프, 젓가락 등을 이용해 맛있는 음식을 집어 들고 입으로 가져가서 맛을 봅니다. 이것만으로도 뇌는 활성화됩니다. 왜냐면 먹기 위한 동작은 손과 입술 그리고 혀 모두를 그리고 동시에 활용하기 때문이죠.

그러나 연금 생활하고 있는 시니어들 중에는 '뇌를 위해 맛있는 음식을 먹는 게 좋다는 건 알겠어, 하지만 그러려면 우선은… (돈이 많아야 하는 거 아냐?)'라고 생각하는 사람도 있겠죠.

그런 사람들에게 추천하고 싶은 방법이 하나 있습니다. 바로 정신과 의사인 사이토 시게타(斎藤茂太) 씨가 실천하고 있는 '맛있게 먹는 기술'입니다. 기술이라고는 하지만 딱히 어려운 건 하나도 없습니다. 그냥 무슨 음식이든 입에 넣자마자 '맛있어요!'라고 말하기만 하면 OK입니다.

마치 어린아이 속이는 말장난 같기도 하지만, '병은 마음에서'라는 말도 있듯이 사람은 상상 이상으로 자기 암시에 쉽게 걸리는 측면이 있습니다.

가령 '뜨거우니 조심하세요'라고 말하면서 차가운 물이 담긴 찻잔을 주면 대부분은 찻잔을 손에 들자말자 '아 뜨거!'라고 말합니다. 그리고 본인이 싫어하는 사람이라도 계속 '저 사람은 좋은 사람이야' '저 사람을 존경하고 있어'라고 생각하게 하면 어느새 그 사람이 싫다는 생각이 사라져 버리는 것을 알 수 있습니다.

'맛있게 먹는 기술'은 이러한 자기 암시를 이용하고 있는데, 혀의 미뢰세포(味蕾細胞)가 음식의 맛을 분석하기도 전에 '맛있어요!'라고 말함으로써 뇌에 '맛있다'는 신호를 먼저 보내버리면 그 음식을 맛있다고 느끼게 됩니다.

'맛있어요?'라고 말하며 식사를 하면 식어버린 도시락, 지겹게 먹어온 패스트푸드도 맛있다고 생각되니 참 신기한 일입니다.

이 '맛있어요!' 기술에는 또 다른 효과가 있는데요. '맛있어요!'라는 말하며 먹고 있으면 뇌를 활성화시켜 쾌감 물질을 분비하게 만듭니다. 이 쾌감 물질에는 사물을 긍정적으로 받아들이는 기능이 있어서 점점 더 맛있다고 느끼게 됩니다.

간혹 회식 도중에 싫어하는 음식이 나오면 노골적으로 싫은 표정을 짓는 사람이 있는데요. 그래봤자 본인이나 주위 사람들에게 스트레스 줄 뿐입니다. 물론 회식 자리 분위기까지 망쳐 버리죠.

싫어하는 음식일지언정 '맛있어요!'를 외치며 먹어봅시다. 그러면 뇌가 활성화되고 회식 자리 분위기도 더욱 좋아집니다.

노후에 혼자 살면서 아침 식사는 거르고 점심은 패스트푸드 그리고 저녁 식사는 편의점 도시락, 아무도 없는 방에서 쓸쓸히 먹는 나의 모습……

이것은 뇌를 위해서도 건강을 위해서도 권하고 싶지 않은 생활이지만 금전적 문제로 어쩔 수 없다면 적어도 '맛있어요!'하고 계속 말하며 식사를 해봅시다. 그렇게라도 하면 조금이라도 뇌의 쇠퇴를 막을 수가 있습니다.

'1일 3식'
고집할 필요 없어

우리는 '하루 세끼 식사는 제대로 해야 한다'는 건 당연하다고 여깁니다. 그래서 대부분의 사람들은 아침에 아무리 식욕이 없어도 '밥은 잘 챙겨 먹어야 한다'라는 어머니의 말씀에 따라 억지로라도 아침 식사를 합니다. 감기몸살로 아무것도 먹을 수 없을지라도 삼시 세끼 식사하는 식습관만은 계속 지켜 왔습니다.

그 때문에 하루에 세끼 먹는 식습관은 거의 강박관념처럼 돼버려 '안 먹으면 몸을 망친다' '안 먹으면 힘을 쓸 수 없다'는 등 아침 식사에 대한 생각은 그렇게 고착화된 듯

합니다.

그럼 일본인들은 도대체 언제부터 "하루 세끼"를 먹기 시작한 걸까요?

사실 에도시대까지 일반적인 일본인들은 하루 두 끼만 먹고 생활했었습니다. 그것이 하루 세끼로 바뀌게 된 것은 에도시대 막부가 전국에서 목수와 장인들을 에도에 집결시켜 하루 종일 일을 시키게 된 것이 원인이었습니다.

스스로에 맞춰
식사를 하는 것이 최고

중노동을 하는데 아침, 저녁 두 끼만으로는 체력이 버틸 수 없으니 점심에도 밥을 먹어야 했고, 이것이 사회 전체로 퍼져 나갔다는 것이 정설인 듯합니다.

그러나 당시와 비교하면 현재는 생활방식이 크게 바뀌었습니다. 특히 제2차 세계대전 이후에는 근로자들의 소비 에너지가 대폭 감소한 반면, 두뇌 노동의 증가로 운동량이 과거와 비교해 현저하게 감소했고 필요한 영양량도 줄어들었습니다. 그리고 최근에는 코로나로 인해 출근하지 않고 집에서 일하는 재택근무라는 새로운 근로 형태까지 등장했습니다.

이와 같은 시대 배경을 감안하면, '하루 세끼 먹지 않으면 영양이 부족해진다'라는 말은 이제 설득력이 없어 보입니다. 즉, 지금 시대에 맞는 식생활과 개개인의 사정에 적합한 식습관을 고려해야 할 필요가 있지 않을까 싶습니다.

게다가 혼자 생활하고 있는 시니어라면 '하루 세끼'에 집착할 필요가 전혀 없습니다. 현역 시절과는 소비 에너지가 크게 다르니까요. 바꾸어 말하면, 현역 때와 똑같이 먹으면 당질과 칼로리가 과다 섭취 상태가 되기 때문입니다.

그러니 그때그때 생활 사정에 따라 식사 방법도 자신에 맞게 바꾸는 것이 좋겠습니다. 식욕이 없을 때 무리하게 먹을 필요가 없고, 시간에 맞춰 하루 삼시 세끼 다 먹을 필요도 없습니다.

'1일 3식'에 얽매이기보다는 자신의 몸 상태에 귀를 기울여 자유롭게 식생활을 즐기도록 합시다.

약간 부족할 정도가
딱 좋다

"그럼 하루 세끼에 집착하지는 않겠다. 하지만 두 끼는 실컷 먹어야겠어……." 이래서는 하루 세끼 먹지 않는 장점을 살릴 수가 없습니다.

예를 들어보겠습니다.

야생의 호랑이나 사자는 사람에게 위험한 동물입니다. 그러나 동물원에 있는 호랑이나 사자는 늘 자고 있죠. 그 모습을 보고 있자면 '저게 뭐가 위험하다는 거야?'라고 생각될 정도입니다.

동물원 호랑이가 굼뜨고 게을러 보이는 이유 중의 하나

는 '배가 부르기 때문입니다.' 동물원에서 사육되고 있는 동물에게는 매일 충분한 양의 먹이가 제공되고 있으니 항상 배가 부른 상태입니다. 그러니 아무것도 하고 싶지 않고 졸리기만 한데 이건 사람도 마찬가지 아닐까요?

더구나 뇌를 생각하면 매일매일 배가 부를 때까지 먹는 것은 결코 바람직하지 않습니다.

예일대학의 호버스 박사는 이것을 실험으로 증명했습니다.

배가 고프면 음식이 먹고 싶어집니다. 이렇게 공복 상태를 느끼도록 촉진하는 것이 바로 그렐린(Ghrelin)*이라고 하는 호르몬인데요. 위(胃)에서 분비된 그렐린은 뇌하수체와 시상하부에 작용하여 식욕을 높여줍니다.

호버스 박사는 이 그렐린이라는 호르몬을 인위적으로 생성할 수 없게 만든 실험 마우스에서 뇌 기능을 조사했더니 기억력에 관여하는 해마(海馬)의 시냅스 수가 정상 마우스보다 25%나 낮다는 것을 밝혀냈습니다.

그리고 이 마우스에게 그렐린을 주사로 넣어주면 시냅스 수가 급격히 증가했다고 합니다.

그렐린을 생성할 수 없으면, 공복 상태를 느낄 수 없으니 항상 배부른 상태와 같아집니다.

실제로 사람의 혈중 그렐린 농도를 측정해보면 살찐 사람보다 날씬한 사람이 높게 나옴을 알 수 있습니다.

물론 호버스 박사의 실험 결과를 그대로 사람에게 적용할 수는 없겠지만, 항상 배부른 상태로 있거나 비만 체형이 되어 버리면 그렐린 농도가 낮아지고 해마의 기능이 나빠져 기억력이 쇠퇴할 수 있습니다.

에도시대에는 하루 두 끼는 고사하고 전국각지에 대기근 사태가 종종 발생했었습니다. 사실 일본인이 충분한 식량을 얻을 수 있게 된 것은 바로 최근입니다.

즉, 과거에는 대부분 공복 상태였다는 얘기입니다. '밥 먹지 말자'고까지 말하진 않겠지만, 적어도 배가 80% 정도 찼을 때 식사를 멈추면 뇌 건강에도 좋겠습니다.

* 그렐린(ghrelin)은 식욕을 증가시키는 호르몬으로 1999년 일본의 코지마 마사야스(Masayasu Kojima)등에 의해 밝혀졌다. 28개의 짧은 아미노산 펩티드 형태의 호르몬이다. 그렐린 수용체는 식욕을 억제하는 렙틴 수용체를 발현하는 시상하부와 관련된 뇌세포(AGRP/NPY 또는 POMC)에 연관이 있으며 특히 위에서 생성되는 순환 호르몬으로 알려져 있다. 이러한 렙틴이나 그렐린은 포만감과 식욕 신호를 전달함으로써 생명체의 활동과 휴식(수면)에 관여하는 것으로 알려져 있다.

혼밥이라도 '잘 먹겠습니다' '잘 먹었습니다' 말하고 먹자

식사 전에는 '이따다키마스(잘 먹겠습니다)' 식사가 끝난 후에는 '고치소사마(잘 먹었습니다)'라고 말하죠. '잘 먹겠습니다'라고 할 때는 두 손을 합장하고, '잘 먹었습니다'라고 할 때는 가볍게 머리를 숙여 인사합니다.

지금 시니어로 불리는 세대는 이런 습관들이 자연스럽게 몸에 배어 있을 겁니다. 그런데 말입니다. 노후에 혼자 살게 되면 식전 식후 인사는 언제 했냐는 듯 생략해버리고 '먹어볼까'라며 혼자 중얼거리고는 식후에도 아무 말 없이 그냥 일어나 버립니다.

'혼자 사는데 뭘 새삼스럽게 그런 인사까지 필요 있나?'
라고 생각해서 그러는 건지 모르겠습니다만 '잘 먹겠습니
다' '잘 먹었습니다'는 단순한 인사 이상의 의미를 가지고
있습니다. 여러분은 혹시 이 말이 눈앞의 음식에 대한 깊
은 감사와 생각이 담긴 말이라는 것을 알고 계신지요?

우리가 먹는 음식, 고기와 생선은 물론 야채와 과일 등
이 모든 것들이 생명을 가진 존재들입니다. 바로 그 생명
의 '목숨'을 내가 '넘겨받아서' 나의 생명 활동의 원천으로
삼아야 하는데, 이는 동물이기도 한 인간이 살아가기 위해
마주해야 할 숙명(宿命)이기도 합니다.

즉, '잘 먹겠습니다'는 다른 생명체의 목숨을 내가 '받는다'
는 것에 대한 마음으로부터의 감사를 담은 표현입니다.

기독교와 유대교에서는 식사를 제공해 주신 하나님에
대한 감사 기도를 합니다. 그러나 이는 지구상 전체에 펼
쳐진 동식물 먹이사슬과 이로부터 만들어진 음식물에 대
한 감사를 포함하고 있는 '이따다키마스(=잘 받겠습니다
⇨ 잘 먹겠습니다)'와는 본질적으로 다릅니다.

'이따다키마스'라는 말의 바탕에는 생명의 영위에 대한 깊

은 철학이 담겨있다고 저는 생각합니다.

또한 식사 후의 '고치소사마(잘 먹었습니다)'는 여기저기 부지런히 뛰어다니며 오늘의 식탁을 차려준 것에 대한 인사말입니다. 즉 식탁에 올려진 것들을 감사하게 받는다는 감사의 말이기도 합니다.

불교 정신이 깃들어 있는 일본의 식사법에는 처음부터 끝까지 '만물에 대해 감사하는 마음'으로 가득차 있습니다. 그래서 식탁에 혼자 앉게 되더라도 식사 전에는 '잘 먹겠습니다'를, 식사가 끝난 후에는 '잘 먹었습니다'라고 말하는 것을 게을리해서는 안 되겠습니다.

이렇게 감사하는 마음이 있으면 차린 게 별로 없는 검소한 식탁이라 할지라도 쓸쓸하다거나 초라하다는 생각이 들지 않습니다.

그런 생각이 들기는커녕 한끼 한끼의 식사를 소중하게 생각하는 느낌이 커지고 나아가서는 먹고 사는 것 그리고 생명을 지속할 수 있는 것에 대한 감사의 마음도 깊어지게 됩니다. 당연히 정신적인 안정도 얻을 수 있습니다.

다양한 색깔의
음식을 먹자

　'의식동원(醫食同源)'이라는 말이 있습니다. '약과 음식은 본질적으로 같은 것'이라는 의미로, 동양의학 사상에서 비롯된 말입니다. 평소 균형 잡힌 식사를 하고 있다면 쉽게 병들지 않고, 병이 들어도 증상을 개선시킬 수 있다는 가르침입니다.

　현역 때는 접대니 회식이니 하는 모임에서 술과 식사를 하는 기회가 많아 식사에 '균형'이라는 것을 생각하기는 어려웠을 겁니다. 그나마 현역 때는 체력도 있고, 면역력이나 치유력도 좋아서 어떻게든 무사히 지낼 수 있었겠지만,

시니어는 무리를 할 수가 없습니다. 그렇기 때문에 더더욱 '의식동원'을 생각하며 식생활에 신경을 써야 합니다. 특히 혼자 사는 시니어라면 모든 것을 스스로 통제해야 하기 때문에 더욱 그렇습니다.

식사의 균형을 위해서는 1일 30가지 이상의 식재료로 섭취해야 한다고 하는데 현실적으로 매일 그만큼의 식재료를 장만해서 요리하기에는 돈과 노력이 너무 많이 듭니다. 그러니 적어도 다섯 가지 색깔의 식재료를 갖추는 습관을 가지면 좋겠습니다. 그러면 간단하게나마 영양적으로도 균형 잡힌 식사를 할 수 있습니다.

다섯 가지 색깔은 '붉은색' '노란색' '초록색' '하얀색' '검은색'인데, 색깔별로 대표적인 식재료를 알아보면 다음과 같습니다.

● 붉은색 식재료

고기, 생선, 토마토, 당근 등.

● 노란색 식재료

은행, 호박, 된장, 두부(노란색 콩이 원재료 이므로) 등.

● 초록색 식재료

파, 차조기, 시금치, 피망 등.

● 하얀색 식재료

백미, 빵, 우동 등의 밀가루 제품과 우유, 무 등.

● 검은색 식재료

버섯류, 해조류, 곤약 등.

각각의 색깔별로 같은 양으로 해야 할 필요는 없고 가능한 한 많은 색을 식사로 섭취하자고 생각하면 됩니다. 항상 이것을 제대로 의식하고 있다면 가령 외식을 할 때라도 부족한 색을 금방 알아차리고 추가 주문으로 보충할 수도 있으니까요. 이 정도라면 어렵지 않게 지속적으로 할 수 있지 않을까요?

제5장

쓸데없이 불안해하지 말고
마음 편히 살자

제5장

쓸데없이 불안해하지 말고
마음 편히 살자

마음의 울분을 무리하게 너무 억누르지 말고 때로는
누군가에게 요령껏 푸념을 냅다 던져버리고는 마음에 안정을 찾는 것이 중요

할 수 있는 것만
하자

'경제홍보센터'가 2019년 10월에 발간한 보고서 '고령기 생활에 관한 의식 실태조사'에 따르면 '내가 고령기 생활에 기대하는 것'이라는 문항에 대해 '마음 편히 지낼 수 있다'가 67%로 매우 높은 응답률을 보였습니다. 또한 '고령기 생활에 불안을 느끼는 것'에 대해서는 '건강한 자립 생활을 할 수 없게 된다'가 69%로, '수입(연금 등)이 감소하여 생활이 어려워진다'의 62%를 앞질렀습니다.

그러니까 시니어들은 '건강한 몸으로 마음 편히 살 수 있는 생활'을 원하고 있음은 분명히 알 수 있습니다.

초고령화가 진행된 일본에서는 2025년 65세 이상 시니어 5명 중 1명이 치매 환자가 된다는 추계도 있고 신형 코로나 바이러스와 같은 감염증도 유행하고 있어서 시니어들이 건강에 대해 불안해하는 것은 당연합니다.

그러나 지나치게 불안해하는 것은 생각해 볼 문제입니다. 왜냐하면 아무리 조심해서 산다고 해도 병에 걸리는 것은 피할 수 없는 일이기 때문입니다. 하지만 병에 걸릴지 아닐지 알 수 없는데도 지레 겁을 먹고 불안에 떨며 살고 있으면 코르티솔(Cortisol)이라는 나쁜 호르몬의 분비가 점차 증가하고 면역력이 감소합니다. 그 결과 오히려 병에 걸리기 쉬운 상태가 돼버립니다.

그러니 '인생에는 어떻게 해도 안 되는 일이 있다'고 마음속에 각오를 할 필요가 있습니다.

그렇다고 해서 건강에 신경을 끄고 살아도 된다는 얘기는 아닙니다만, 다행히 인생에는 '어떻게든 될 것 같은 일'도 많이 있습니다.

가령 당신이 흡연자라면 지금부터라도 담배를 끊으면

암 발생을 막을 수도 있습니다. 또한 매일 몸을 움직이며 머리를 쓰고 있다면 병석에 드러눕거나 치매가 될 위험을 줄일 수 있습니다.

자연의 순리에 순응
멋대로 살아가기

'고독'도 마찬가지입니다. 특히 원치 않게 홀로 살기를 막 시작한 사람들 중에는 '홀로 살기가 이렇게 쓸쓸할 줄 몰랐다' '친구가 없어서 힘들다'며 힘들어하는 사람이 적지 않게 있습니다.

그러나 이런 상황은 '만남의 기회'를 만드는 것에 본인 스스로가 너무 무관심하다 보니 일어나는 일로, 직접 행동에 나서 보면 고독도 어떻게든 되지 않을까 싶습니다.

아무튼 마음 편히 살기 위해서는 '어차피 안 될 일'들은 달관해버리고 '어떻게든 될 것 같은 일'에 노력해 보는 자세가 필요하겠습니다.

푸념도
요령 있게

'아이고 정말 맨날 푸념만 해대서 그 노인네하고는 이제 말하기도 싫다니까.'

고령자에 대한 비판 중 가장 많은 것이 바로 이 말입니다. 혹시나 해서 하는 말인데, 여러분도 이렇게 뒷담화를 당하고 있을지도 모릅니다.

인생도 이제 느지막한 황혼기, 거기다 혼자 살게 되면 마음속에 응어리들이 많이 쌓이겠죠. 그렇다고 입에서 튀어나오는 것이 푸념뿐이라면 사람들한테 왕따 당할 수밖에 없습니다.

하지만 외로움도 괴로움도 울분도 모두 꾹 참으며 가슴 속에 계속 담아두기만 하면 기분은 더욱 침울해지고 우울 증이 생길 수도 있습니다.

그럼 어떻게 하는 것이 좋을까요?

마음의 울분을 무리하게 너무 억누르지 말고 때로는 누군 가에게 요령껏 푸념을 냅다 던져버리고는 마음에 안정을 찾는 것이 중요합니다.

다만 거기에는 지켜야 할 '규칙'이 있습니다.

우선 상대방을 잘 선택해야 합니다. 오래된 친구처럼 나의 속마음을 잘 알고 있는 상대가 푸념을 들어주는 역할을 하면 제일 좋은데 가능하면 그중에서도 나와 비슷한 상황에 있는 사람이면 더 좋겠습니다. 서로 처해 있는 상황이 너무 다르면 상대방도 내 기분을 받아 주기 쉽지 않을 테니까 말이죠.

그리고 또 한 가지 '답례'가 필요합니다.

이번에 내가 푸념을 늘어놓았다면 다음번에는 내가 상대방의 푸념을 들어주는 역할을 해야 한다고 생각하고 있어야 합니다. 물론 깔끔하게 서로의 역할을 바꿀 필요는 없지만, 일방통행식으로 나만 계속 푸념을 늘어놓고 있으면 상대방은 '이 양반 이제 좀 작작하지?'라고 생각하게 됩니다.

'늙는 것'도
'성장'이다

'노후의 삶을 쾌적하게 하는 생활 기술'과 '노후를 활기차게 살 수 있는 건강법' 등 우리 주변에는 '노후'라는 말이 넘쳐나고 있습니다. 출판계에도 80대, 90대 사람들이 정정하게 살고 있는 모습을 담은 책들을 많이 출간하고 있는데요. 그들에게서 늙었다는 느낌은 조금도 받을 수가 없습니다.

그러나 현실적으로 '노후'를 받아들이는 방법은 사람마다 차이가 있습니다.

아직 60세도 안 됐는데 '이제 나이들어서'라며 스스로 폭삭 늙어 버린 사람이 있는가 하면 80세가 넘어서도 건강한 모습으로 선거에 출마하는 사람도 있습니다.

혼자 살고 있는 사람들 중에는 '이제 새로운 인생 시작이다'며 힌껏 들뜬 사람이 있는가 하면 '너무 외롭다'며 몸과 마음이 위축돼버린 사람도 있습니다.

사람들마다 제각각이고 서로 완전히 달라서 1백 명이 있으면, 1백 가지 모습의 노후가 있다 하겠습니다.

그런데 '늙는 것'과 '성장하는 것'은 전혀 관계 없는 것일까요? 그렇지 않습니다.

가령 스무 살에 골프를 시작하든, 일흔 살에 골프를 시작하든 '잘치고 싶다'는 바람은 마찬가지겠죠. 노래방에서 노래 부를 때마다 '노래 좀 잘해봤으면 좋겠다'고 생각하는 것도 나이가 몇 살이든 마찬가지입니다. 즉, 살아 있는 동안은 사람은 계속 성장하고 있는 생물이라는 말입니다.

저는 예전에 세이로카국제병원(聖路加國際病院)에서

근무한 적이 있는데, 병원 이사장이었던 고(故) 히노하라 시게아키(日野原重明) 선생은 "향상심(向上心)은 인생을 단련시킨다"며 지금보다 더 높은 곳을 목표로 하는 것이 중요하다고 역설했습니다. 또한 "미지의 세계에 스스로 몸을 던져 한 번도 해본 적 없는 일을 하게 되면 여지껏 사용하지 않았던 뇌세포들이 작동하기 시작한다"며 "인간의 뇌는 도전을 통해서 진화하고 미래를 향해 한걸음 한걸음 나아갈 수 있다"는 점을 강조했습니다.

그리고 히노하라 선생은 "아무리 어려운 상황에 직면하더라도 '이제부터 시작이다'며 마음을 다잡을 수만 있다면 반드시 전진할 수 있다. 살아 있는 의미는 스스로 찾아 쟁취해야 하며 그것이 삶의 보람이다. 결국 인생이란 미지의 자신에 대한 도전"이라고 말하며 용기를 내도록 해주었습니다.

100세를 넘겨서도 식지 않은 탐구심과 호기심으로 항상 마음을 설레이며, 살아왔다는 히노하라 선생의 원동력은 바로 '끝없는 성장에 대한 갈망'이었습니다.

하지만 '성장'을 목표로 한다고 해서 너무 경직되게 생각할 필요는 없습니다. 무엇이든 자신이 좋아하는 것, 흥미가 있는 것, 매력을 느낄 수 있는 것을 찾아 거기에 열중하다 보면 성장은 자연히 뒤따라 오게 됩니다.

'즐기면서 배우고 배우면서 성장한다' 노후를 충실하게 보내기 위해서는 그만큼 성장이 중요한 요소입니다.

책을 읽고 영화를 보며 인터넷으로 이런저런 것들을 조사하면서 호기심을 충족시키는 사이에 탐구심이 일어나기라도 하면 인근에 있는 대학의 공개강좌 같은 곳에서 강의를 듣거나 도서관을 적극 활용해 봅시다. 생활의 폭도 훨씬 넓어지게 됩니다.

물론 혼자 사는 몸이라 24시간을 내 맘대로 쓴다고 뭐라 할 사람 아무도 없긴 하지만 그래도 시간은 효과적으로 써야 합니다.

호기심을 가지고 눈을 반짝이며 뭔가에 도전하는 기분은 여러분에게 넘치는 활기를 가져다주고 늙고 있는 것에 대한 탄식도 떨쳐버릴 수 있게 해 줄 것입니다.

더이상 할 수 없게 되는 일이
생기는 것은 당연하다

성실하게 열심히 살아온 사람일수록 고령이 되고 나서 이상과 현실의 차이 때문에 괴로워하는 일이 많습니다.

스스로는 아직 젊다고 생각하지만 얼마 전까지만 해도 쉽게 할 수 있던 것이 어렵게 느껴지거나 할 수 없게 되고, 기력과 체력이 점점 쇠퇴하고 나서야 비로소 자신이 늙었다는 것에 쇼크를 받고는 괴로워하며 활력을 잃어버리게 됩니다.

계단을 오르내릴 땐 난간을 붙잡아야 하고, 지하철에선

어떻게 해서든 앉아 가려고 하며, 외출도 귀찮아져 두문불출하다가, 정신을 차리고 거울을 보니 누가 봐도 늙은 티 투성이뿐인 자신의 모습에 아연해 하는 사람도 있습니다.

그 외에도 자주 물건을 잃어버리거나 떨어뜨리고 노안경(老眼鏡) 없이는 신문도 읽을 수 없으며, 건망증이 심해져 사람 이름도 모르게 되고, 잠도 제대로 자지 못합니다. 누구든 정년퇴직할 무렵이 되면 이와 같은 노화 현상을 피해갈 수 없습니다.

스스로 꾸미는 것이 멋진 노후의 길

이는 누구에게나 찾아오는 생리적 변화이기 때문에 대부분의 사람들은 '자연의 흐름이니까'라며 달관하는 듯 나름대로 노화를 인식하고 받아들이게 됩니다. 다만 노화를 인정하지 않고 젊었을 때의 기준을 계속 고집하면서 스스로를 학대하는 사람도 있습니다.

하지만 '아직은 젊은 사람에게 지지 않아' '이제라도 전력을 다하면 옛날 실력 나오지'라며 아무리 힘내봤자 심신

(心身)의 쇠퇴를 부정할 방법이 없습니다. 자신이 늙었다는 것을 어느 정도 인정하지 않고서는 현실과 타협할 수가 없습니다.

물론 지금까지 비즈니스의 최전선에서 일해온 남성이 현역으로 계속 활약하고 싶다는 바람이나, 항상 젊고 아름다움을 중요시해 온 여성이 언제까지나 외모를 계속 유지하고 싶어 하는 소망을 이해 못 할 바는 아니지만, 그 기대가 지나치게 높으면 채울 수 없는 딜레마에 빠져 마음만 괴로워질 뿐입니다.

사람은 태어난 순간부터 노쇠(老衰)의 길을 걷기 시작합니다. 아무도 그것을 부정할 수 없습니다.

즉 할 수 없는 것은 어느 정도 포기하고 있는 그대로의 자신을 받아들이면서 가능한 범위에서 젊음을 유지하려는 노력을 해야 합니다.

정년을 맞이하는 나이가 되면, 모든 것을 100% 해내겠다는 젊은 날의 완벽주의는 이제 버리고, 70~80%의 힘으로도 여유 있게 대처할 수 있도록 방향을 조금 바꾸는 것이 좋겠습니다.

다만 '이제 젊지 않으니까'라며 나이든 것을 핑계 삼아 젊음을 유지하려는 노력을 아예 포기하는 것은 바람직하지 않습니다.

노화에 대해 과도한 저항은 하지 않더라도 젊은 기분은 계속 유지하는 것이 현명하게 나이드는 방법이기 때문입니다.

세월을 탓하지 않고
오늘이 내일보다 젊다

'젊을 때의 80%라도 있으면 충분해!'

그렇게 생각하며 자신의 현재 능력과 타협을 해서 쓸데없는 초조함 따위는 다 날려버리고, 지금 이 시간을 있는 힘껏 살아가는데 매진합시다. 그래야 '혼자 사는 노후'가 밝아집니다.

안 좋은 기억만 지울 수 있다:
망각술(忘却術)

인생은 즐거운 일만 있지 않습니다.

가끔은 싫은 일도 일어나고 잊고 싶은 일들도 있겠죠.
그런데 만약 싫은 일들만 아주 깔끔하게 잊을 수 있다면
참 편리할 텐데요.

그게 가능이나 할까요?

그런데 사실은 가능합니다. 그래서 여기서는 평소의
초조함과 치밀어 오르는 분노의 원인이 되는 내가 싫어하
는 기억들, 바로 그것만을 지워버리고 기분을 전환시킬 수

있는 요령을 알려드리겠습니다.

잊고 싶지만 잊을 수 없는 기억들이 종종 있습니다. 하지만 잊는다는 것 그 자체는 정신적 안정을 유지하는데 있어서 절대적으로 필요합니다.

'잊기'의 메커니즘은 우리가 살기 위한 방어본능이기도 합니다만 특정한 것만 꼭 집어 기억에서 지워버리는 '망각술'이란 것이 있습니다.

도대체 어떻게 나쁜 기억만 지울 수 있는 걸까요? 그것도 가능한 빨리 말이죠. 의외일지도 모르겠지만 '잊고 싶은 기억을 글로 써서 잊는 방법'입니다.

'잊고 싶은 일을 글로 쓰다니, 더 잊기 어려워지는 거 아냐!?'라고 놀랄지도 모르겠습니다만 그러나 기억을 글로 써보면 사실을 보다 객관적이고 냉정하게 바라볼 수 있게 됩니다.

가령 "오늘 오토나리 씨한테 싫은 소리를 들었다"면 어떤 소리를 들었는지 그대로 써봅니다. 이어서 '내 기분은 이랬다'고 씁니다.

그리고 '오토나리 씨가 왜 그런 말을 했을까?' '나는 그때 왜 그런 기분이 들었을까?'라며 그 원인까지 써보면 듣기 싫은 잔소리에 흥분했던 기분이 점점 안정을 되찾아 가는 것을 느끼게 됩니다.

즉, 사실을 글로 써내보면 '오토나리 씨에게 싫은 소리를 들었다'라는 것은 자신이 받아들이는 방법이었고 실제로는 '오토나리 씨에게 주의를 받아서 화가 났다'라는 단순한 일이었음을 알 수 있습니다.

이렇게 해서 감정을 배제하고 사실만을 받아들이면 '나중에 과자라도 들고 가서 티 안 나게 사과해야겠다' 아니면 '내 생각이 좀 지나쳤네. 마음을 편하게 가져보자'라며 기분을 바꿀 수 있게 됩니다.

여기서 중요한 것은 '안 좋은 일은 마음에 남는 기억이 되어서는 안 되고 어디까지나 사실로써 받아들여야 한다는 점'입니다. 그렇게 하면 기억 속에 오래 남게 되는 일은 없게 됩니다.

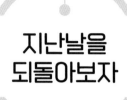

지난날을
되돌아보자

뒤돌아보지 마라

뒤돌아보지 마라

뒤에는 꿈이 없단다.

이것은 시인 테라야마 슈지(山寺修司)가 쓴 쇼와(昭和)
40년대(1965년) 최고 인기 경주마 〈하이세이코〉에 관한
시의 한 구절입니다.

물론 젊은 사람이 '야~ 그때가 좋았지'라며 옛날 생각에
만 빠져 있으면 보기에도 안 좋지만, 시니어 세대에게는 '뒤

돌아보는 것'이 아주 중요합니다.

시니어가 아무 이유도 없이 우울증에 빠지고, 사소한 것에도 화를 내는 것은 대부분 뇌가 퇴화한 것이 원인이 되어 일어납니다.

이런 증상을 막는데 효과적인 방법 중 하나가 바로 '과거를 되돌아보는 것'입니다.

뇌가 퇴화하는 이유 중에 체내 DHEA(디히드로에피안드로스테론, Dehydroepiandrosterone)의 부족이란 것이 있습니다.

본래 DHEA는 뇌와 부신에서 만들어져 스트레스 등에 손상 받은 세포조직을 회복시켜 주는 물질입니다. 또한 성호르몬의 원료이기도 해서 DHEA가 부족하면 피부와 근육이 한꺼번에 노화되어 버립니다. 그래서 유럽, 미국 등에서는 '회춘 호르몬'으로 각광을 받고 있습니다.

최근의 연구에 의하면 과거의 좋았던 기억에 접근하면 DHEA의 분비가 활발하게 촉진된다는 것이 밝혀졌습니다. 옛날 기억에 빠져 있다니 노인티를 내는 거냐며 사람들이 기피할 수도 있는데 사실은 그게 아니라는 것입니다.

가령 최근 권태기에 빠진 커플에게 한참 연애할 때 자주 갔던 관광지의 펜션에 다시 가게 했더니 DHEA 분비량이 확실히 증가되었다는 실험 결과도 있습니다.

또한 치매로 부인의 목소리에도 반응이 없던 노인에게 어릴 때 불렀던 동요를 들려주자 그것을 따라 부르고 초등학교 시절의 일들을 정확히 기억해 내는 경우도 종종 있습니다.

그래서 '최근 기력이 약해졌다'고 느끼면 오랜만에 옛날 앨범을 꺼내 펼쳐 봅시다. 그러면 즐거웠던 어린 시절의 추억들과 인기 많았던 청춘시대의 나날들이 기억 속에 되살아나고 바로 그 순간 뇌에서 DHEA가 대량으로 방출됩니다.

그리고 어릴 때부터 소중히 간직해왔던 '보물상자' 같은 것이 있다면 열어봐도 좋겠습니다. 상자 속에는 추억과 함께 '냄새'도 함께 담겨있을 텐데요. 후각은 뇌에 아주 강한 자극을 주기 때문에 효과가 탁월합니다.

특히 태어난 뒤 열 살 때까지의 기억 속에만 새겨졌던 '원래 모습'이 마음속에 강한 영향을 주는 것을 알 수 있습니다. 가능하다면 옛날 앨범이나 보물상자가 있는지 찾아보시기 바랍니다.

또한 공기놀이, 딱지치기 같은 추억의 놀이들도 손끝 신경을 자극함과 동시에 어린 시절의 추억을 소환시켜 기억을 되살리는데 도움을 줍니다.

그리고 서점에서 어릴 때 좋아했던 그림책을 사오는 것도 좋은 방법입니다. 추억이 담긴 그림책의 세계는 DHEA의 분비를 촉진시켜 줍니다.

이때 그림책은 소리 내서 읽어 보시면 좋겠습니다. 그냥 속으로 읽기만 하는 것보다 소리 내어 읽는 것이 뇌를 보다 활성화시켜 주기 때문입니다.

시인 테라야마 슈지의 팬들도 여기서는 '뒤돌아보지 마라'라는 그의 시를 잠시 잊어버리고 옛 추억들을 그리워해 보시기 바랍니다.

건강염려증에
빠지지 말자

시니어 나이가 되면 어딘가 몸 상태가 좋지 않은 곳이 있기 마련입니다. 하지만 주위에 비슷한 연령대의 사람이 '뇌경색으로 쓰러졌다' '말기 암이 발견됐다'라는 등의 이야기를 들으면 '그렇다면 혹시 나도?!'라며 과잉 반응을 하는 사람이 많습니다.

얼마 전 어느 마을에서 오랫동안 조그만 의원을 하고 있는 후배와 이야기를 나눌 기회가 있었는데요. 그때 그 후배는 요즘 어떻게 진료해야, 좋을지 판단이 잘 서지 않는 환자들이 늘고 있다며 이렇게 말했습니다.

"왠지 몸이 안 좋아졌다며 내원하는 시니어들이 많아졌습니다. 진찰을 아무리 해봐도 결정적인 증상이 있는 것도 아니고… 그래서 약을 처방할 수 없다고 하자 환자는 '그러면 곤란한데요'라고 해서 별수 없이 비타민과 가벼운 강장제를 내주고 있습니다."

저는 이 이야기를 듣고 예전의 '불건강(不健康) 붐[붐(BOOM)(=건강염려증 붐)]이 아직도 계속되고 있는 건가?'

라는 생각이 들었습니다.

'불건강 붐'이란 기타사토대학의 명예교수였던 고(故) 타츠카와 쇼지(立川昭二) 선생이 이름 붙인 것인데요. '건강 붐이란 건강한 사람이 늘어나는 것이 아니라 오히려 건강을 염려하는 사람과 건강에 불안을 느끼는 사람이 늘어나는 현상인데, 어쩌면 오히려 불건강 붐이라고 말하는 것이 더 정확할지도 모르겠다'라고 해서 붙여진 이름입니다.

물론 건강한 상태를 유지하는 것도 중요하지만, 건강에 지나치게 얽매이면 오히려 심신(心身)이 나빠지므로 '걱정을 너무 많이 하는 것'에 대해 경종을 울리고 있는 것이라 보면 되겠습니다.

지나치게 걱정이 많으면 '혈압이 조금 높은 편이네요'라고 했을 뿐인데도 온몸을 부들부들 떠는 시니어가 적지 않게 있습니다. 물론 고혈압은 뇌졸중과 심근경색을 일으키는 원인이긴 합니다만 그러나 혈압은 연령이 증가함에 따라 어느 정도 같이 상승하게 됩니다. 주의하며 일상생활에 임한다면 지레 겁먹을 필요는 없습니다. 겁먹고 동요해버리면 점점 혈압이 올라가니 오히려 건강에 좋지 않습니다.

다른 수치들도 단기간 급격한 변화가 없는 한 마찬가지로 생각하면 되겠습니다. 가령 혈당치가 다소 올랐다 해도 그렇게 신경 쓸 필요가 없습니다. '수치가 안 좋아졌네? 내가 절제가 부족했나 보다'라며 너무 과민 반응하면 생각하면 그것이 오히려 스트레스가 되어 건강에 해를 끼칠 수 있습니다.

앞서 90세를 맞이한 작가 이츠키 히로유키 씨도 '건강을 과도하게 신경 쓰는 것은 병이다'라는 말을 하고 있습니다.

전기고령자* 나이가 되면 다소 몸 상태가 좋지 않은 곳이 있더라도 당연하다고 생각하는 것이 결과적으로는 건강하게 지낼 수 있는 방법입니다.

*전기고령자(前期高齡者) : 노인 인구를 2단계로 구분하여 65세 이상을 고령자라고 했을 경우, 65세에서 74세까지를 말함. 후기고령자(後期高齡者)는 75세 이상

세상과의 작별은 이렇게 하고 싶다 : 엔딩노트

혼자 사는 시니어가 어느 날 갑자기 쓰러져 의식불명이 됐을 때 주위 사람들이 가장 난감해 하는 것은 당사자의 의사를 전혀 알 수 없는 경우입니다.

'혼자 사는 사람은 유언장을 남겨 두어야 한다'고 흔히들 말하지만, 그보다도 확실히 써두어야 할 것은 갑작스런 병이나 사고 등으로 다치거나 쓰러졌을 때 혹은 자신의 의사를 제대로 전할 수 없는 상황이 생겼을 때 주위 사람들에게 그 뒤처리를 부탁하는 내용입니다.

가령 치매가 된 경우에는 어떻게 할 건지? 노인시설에 들어갈 경우는 어떤 시설에 가고 싶은지? 그 비용은? 병이 위독해질 경우 연명치료를 원하는지? 만일의 경우 연락처는? 등등.

이런 것들을 써두기 적당한 '장소'는 유언장이 아니라 바로 '엔딩노트(Ending Note)'입니다.

'엔딩노트'에는 갑자기 쓰러졌을 경우에 대비해 적어도 다음의 두 가지는 꼭 적어두어야 합니다.

● 해주었으면 하는 것

- 의식이 없어도 회복할 가능성이 있는 경우는 가능한 조치를 다 받고 싶다.

● 안 해줘도 되는 것

- 뇌에 심각한 손상이 생겨 의식이 없거나 의식이 돌아와도 식물 상태가 될 가능이 높은 경우, 연명 치료를 안 해도 된다.

이외에 다음과 같은 것들을 적어두면 만일의 경우에도

주위 사람들이 당황하는 일은 없습니다.

- 현금 귀중품 등의 보관 장소
- 죽음에 관한 본인의 기본적 생각
- 희망하는 사망 장소 (자택, 병원 등)
- 희망하는 장례의식 (종교, 세례명, 장례의 규모 등)
- 묘지에 관한 내용 (매장, 화장, 수목장, 납골당, 유골 뿌리기를 원하는지 등)
- 자신의 죽음을 알릴 사람들 리스트
- 자녀 및 친족들에게 남길 말
- 친구, 지인들에게 남길 말

참고로 엔딩노트는 법적 효력이 없습니다. 정해진 서식도 없고, 기재 내용도 자유입니다. 인쇄된 양식은 서점 또는 문구점에서 구입할 수 있고 인터넷에서 다운로드 받을 수도 있습니다. 물론 일반 노트에 자기 방식대로 써도 됩니다.

'엔딩노트'를 어디에 두어야 할지도 신경을 써야 합니다.

가령 혼자 살고 있는 저의 지인은 집 현관을 들어가면 바로 전화기가 있는데, 그 아래에 '저에게 무슨 일이 있으면 전화기 아래 서랍을 열어 봐주십시오. 저의 엔딩노트가 있습니다'라는 메모를 붙여 놓았습니다.

그리고 이런 경우도 있습니다. 어떤 사람이 외출 중에 갑자기 쓰러져 의식불명이 되었습니다. 구급차로 이송된 병원에서 신원확인을 위해 가방을 열어 그 안에 있는 수첩을 펼쳤더니 아주 큰 글씨로 다음과 같은 글이 적혀 있었답니다.

'저에게 무슨 일이 생기면 집에 있는 컴퓨터에서 "엔딩노트"라는 파일을 열어봐 주십시오, 파일의 비밀번호는 ○○△△입니다.'

컴퓨터에 들어있던 엔딩노트에는 연명치료는 불필요하며 장례식도 불필요하다는 등의 내용이 적혀 있었다고 합니다.

죽음은 어떤 인생에도 반드시 찾아옵니다. 그것이 언제일지는 아무도 알 수 없습니다. 하지만, 나이가 들면 들수록 그날이 더 가까워지는 것만은 확실합니다. 그러니 70세가 되면 자신의 인생의 막을 닫아줄 사람을 찾아놓고 어느 정도 언질을 해두는 것이 좋겠습니다.

내가 죽을 때 챙겨야 할 모든 것을 잘 정리해서 남겨 두는 것 "엔딩노트" 내가 아닌 다른 사람이 이 노트를 펼치는 날 그 날이 바로 "내 인생의 끝"이라고 말할 수 있겠습니다.

죽음은 한 사람의 인생에서 소중한 일부분입니다.

맺는말
마음의 준비만은 해두자

'혼자 사는 노후'를 즐기는 방법은 이해하셨을 것으로 생각됩니다만 그 즐거움이 언제까지 계속될 수는 없습니다. 무슨 일이든 "끝"이 있는 법입니다.

지금 아무리 활기가 넘친다 해도 당신이 고령자라면 분명히 끝이 있습니다. 언제 개호 대상이 될지 모르고, 언제 병마가 덮쳐들지 아무도 알 수 없습니다. 그때를 대비하여 마음의 준비만은 해두시기 바랍니다.

물론 '지금은 건강하고 즐거우니까 괜찮아. 무슨 일이 생기면 그때 하면 되지'라고 생각하는 것도 한 가지 방법입니다. 실제로 공연히 걱정만 하고 있으면, 지금 이 순간의 행복을 느낄 수 없을지도 모르니까요.

그러나 불안한 것이 있다면 대비를 해두는 것도 필요합니다. '좀 이따가 하지'라며 느긋하게 있으면 적절한 시기를 놓쳐버릴 수도 있습니다.

유언장과 엔딩노트 등을 준비해 두면 '그걸 볼 때마다 최악의 상황이 떠올라 더 불안하다'는 사람이 있을지도 모르겠습니다.

하지만 사실은 그 반대입니다.

'이것만은 제대로 준비해 두었으니까, 이제 실컷 즐기자' 이렇게 생각합시다. '유비무한'이란 바로 이를 두고 하는 말입니다.

읽어주셔서 대단히 감사합니다.

●주요 참고 문헌

• 《노후의 불안의 90%는 걱정할 필요 없다》 호사카 타카시 지음

• 《뇌가 젊어지는 방법》 호사카 타카시 지음

• 《노후를 즐기는 방법》 호사카 타카시 지음

• 《환갑부터의 기분 좋은 인생 》 호사카 타카시 지음

• 《50세부터 돈이 없어도 아무렇지 않은 노후 기술》 호사카 타카시 지음

• 《60세부터 인생을 즐기는 고독력》 호사카 타카시 지음

• 《하루 1분! 평생 현역 뇌를 만드는 방법》 호사카 타카시 지음

• 《인간, 60세부터가 가장 재미있다!》 호사카 타카시 지음

• 《인생은 정년 후부터가 재미있다!》 호사카 타카시 지음

노후에 혼자 사는 지혜

지은이   **호사카 타카시**
옮긴이   **허영주**
감수인   **김철중**

1판1쇄 발행_ 2025년 2월 5일

책임편집   **최상아**
북코디   **밥숟갈(최수영)**
편집&교정교열   **주항아 최진영**
표지─본문디자인   **공간42**
일러스트   **오경태**
마케팅   **김낙현**

발행인   **최봉규**
발행처   **지상사(청홍)**
등록번호   **제2017-000075호**
등록일자   **2002년 8월 23일**
주소 서울특별시 용산구 효창원로64길 6(효창동) 일진빌딩 2층
우편번호 04317
전화번호 02)3453-6111 팩시밀리 02)3452-1440
홈페이지 www.jisangsa.com
이메일 c0583@naver.com

한국어판 출판권 ⓒ 지상사(청홍), 2025
ISBN 978-89-6502-339-5 (03180)

*잘못 만들어진 책은 구입처에서 교환해 드리며, 책값은 뒤표지에 있습니다.